Jesus gibt Erlösung

Jesus gibt Erlösung

Erkenntnisse
einer ganz normalen
Großstadtpflanze

Gitta Tost

Bibliografische Information der Deutschen Nationalbibliothek:
Die Deutsche Nationalbibliothek verzeichnet diese Publikation
in der Deutschen Nationalbibliografie, detaillierte bibliografische
Daten sind im Internet über http://dnb.dnb.de abrufbar

© 2019
Herstellung und Verlag: BoD – Books on Demand,
Norderstedt.
ISBN: 978-3-7460-8178-6

Inhalt

Wer ist dieser Gott?

In diesem Buch würde ich mich gern mit Aussagen beschäftigen, die bei einigen dazu führen könnten, unseren Schöpfer durch rationales Denken zu erkennen. Viele haben gar nichts gegen Gott als Erfinder und Erbauer dieser Welt. Aber sie lassen sich nur durch Beweise davon überzeugen, ob entweder die Schöpfungsgeschichte oder wissenschaftliche Erkenntnisse richtig sind. Das Problem liegt jedoch darin, dass wir die Existenz Gottes nicht beweisen können. Genauso wenig können Atheisten nachweisen, dass die Evolutionstheorie wahr ist. Wir stehen also wieder am Anfang unseres Denkens und werden uns nicht einigen, wenn wir keine Gegenargumente oder doch einige Hinweise finden, die zumindest zum Nachdenken darüber anregen, ob die Bibel als das Wort Gottes einfach nur ein Buch ist oder doch seine Anweisung für unsere Lebensführung. Bei meinen Überlegungen habe ich mich sehr von Aussagen bekannter Wissenschaftler, Theologen und Politiker wie zum Beispiel Werner Gitt, Roger Liebi und Holger Strohm leiten lassen. Ich bin seit dem 27.11.2011 bekehrter Christ und seitdem brennend an allem interessiert, was dazu führen könnte, dass ich Gott noch besser verstehen kann. In meinem Buch „Jesus gibt Leben" habe ich einige Geschichten wiedergegeben, in denen mir Gott durch seinen Heiligen Geist Hilfe gegeben hat. Ich würde schon sagen, dass ich Wunder erlebt habe. Das ist eine Möglichkeit, Gott zu erkennen. Aber es ist auch möglich, ganz rational an das Thema Glauben heranzugehen. Das werde ich hier versuchen und hoffe, dass einige nach Beendigung der Lektüre weniger Fragen haben. Das Buch könnte jedoch auch für diejenigen interessant sein, die schon seit Jahren ein Nachfolger Christi sind, aber denen manchmal die Argumente fehlen, wenn sie zu ihrem Glauben befragt werden. Mir ist es jedoch nicht wichtig, Argumente gegen andere Religionen zu finden oder Menschen davon zu überzeugen, dass Christen bessere Menschen sind. Denn das stimmt sowieso nicht. Ich bin mir jedoch bewusst, dass diese Texte beim Leser belehrend ankommen könnten. Ich will kein Moralapostel sein, aber ich schreibe das Buch trotzdem genau so, weil das nun mal die Dinge sind, die uns Christen bewegen und ausmachen.

Wer oder was ist also dieser Gott, von dem die Juden und Christen reden? Warum sprechen alle von ihm und seinen Werken? Es ist wohl so, dass sich jeder Mensch Gedanken über diesen Gott macht, der das gesamte Universum geschaffen hat, auch wenn viele das nicht zugeben würden. Dass es auf unserer Erde wahrscheinlich kein Volk gibt, das nicht an die Existenz irgendeines Gottes, eines universellen Geistes oder eines übermenschlichen Wesens glaubt, liegt daran, dass wir Menschen die einzigen Lebewesen sind, die denken können. Deshalb können wir auch erkennen, dass das perfekt funktionierende Universum mit seinen zum Teil sehr komplexen und komplizierten Individuen in der Natur nur von einem Schöpfer oder Geist erschaffen worden sein kann. Leider ist es uns Menschen nicht möglich, Gott mit unseren Sinnesorganen zu erkennen. Wir können ihn weder sehen, noch hören oder fühlen. Das ist zwar nicht so toll, aber es ist nun mal der Wille des Schöpfers, dass wir ihn suchen und durch Glauben an ihm festhalten, und das müssen wir akzeptieren. Wie können wir ihn überhaupt finden?

Zuerst müssen wir erkennen, dass die komplizierten Lebewesen auf der Erde nicht von allein oder durch Zufall entstanden sein können. Deshalb wissen wir, dass Gott existiert. Er hätte den Menschen auch einen simplen Planeten mit wenig Vielfalt in der Natur als Lebensraum geben können. Gott hat alle Lebewesen und Dinge jedoch so vielfältig gestaltet, weil er wollte, dass wir uns an der Schönheit der Natur erfreuen. Seine Ideen für die Gestaltung auch der kleinsten Kreaturen sind beeindruckend und grenzenlos. Für Menschen unbegreiflich ist auch der Fakt, dass dieser universelle Geist quasi aus dem Nichts durch ein einziges Wort das geschaffen hat, was wir heute kennen. Diese Allmacht macht mich immer wieder sprachlos. Aber für mich ist das die einzige richtige Erklärung, weil all die Versuche, die Entstehung der Welt aus dem Nichts wissenschaftlich zu erklären, scheitern müssen. Denn das ist einfach nicht möglich, und das wissen wir alle. Wenn wir das einmal akzeptiert haben, wollen wir ganz bestimmt wissen, wie dieser Gott denn so ist. Was für einen Charakter hat er? Dass der Schöpfer gütig, liebevoll und barmherzig ist, erfahren wir zwar auch aus der Bibel, aber wir können sein Wesen sogar am eigenen Leib erfahren. Er hat seit der Sintflut immerhin sein Versprechen gehalten und die Menschheit trotz des sündigen Verhaltens nicht ausgelöscht. Es gibt jedoch auch unheimlich viele Berichte von Zeitzeugen, aus denen wir erfahren, wie ihnen in extrem schwierigen Situationen geholfen wurde. Ich kann davon ein Lied singen, denn das passiert mir tatsächlich sehr oft. Der Herr hilft uns sicher viel öfter, als wir es uns vorstellen können. Denn wir erkennen natürlich nicht immer, wie oft wir uns vielleicht sogar in lebensbedrohenden Situationen befinden. Aber es gibt auch Lebensumstände, die uns an Gottes Existenz zweifeln lassen, weil wir einfach nicht verstehen, dass es so viel Elend auf der Welt oder ganz persönliche Tiefpunkte in unserem Leben gibt. Auf dieses Thema komme ich später noch einmal zurück, weil es sehr wichtig ist. Die Menschen wollen immer alles, was sie nicht verstehen, mit ihrem begrenzten Wissen erklären. Aber das geht eben oft nicht und deshalb wollen viele nicht akzeptieren, dass sich Gott ihnen auf der Erde zu Lebzeiten nicht zeigen wird. Manche suchen sogar einen Ort, wo sie ihn treffen können. Das Wunschdenken, dass wir Gott irgendwo finden können müssen, war die Grundlage für einige heidnische Vorstellungen über Gottes Zuhause vor allem im Altertum. Die Griechen glaubten zum Beispiel, dass es viele Götter gäbe, die auf dem Berg Olymp wohnen würden. Aber der Herr teilt uns in der Bibel mit, dass er an keinen Raum gebunden, ist. Er allein hat das Universum erschaffen und kann deshalb nicht ein Teil davon sein. Gott ist allgegenwärtig und durchdringt alles, was in dieser Welt existiert, sowohl tote Materie als auch alle Lebewesen. Das macht für mich Sinn, weil vor der Schöpfung nichts existiert hat außer Gott selbst. Also muss er in allem selbst involviert sein. Skeptiker fragen nun, wie Gott entstanden ist. Er war immer da und wird immer da sein. Aber wie schon gesagt, kann aus dem Nichts nichts Neues entstehen. Also ist das eine der Fragen, die wir Menschen nie hundertprozentig erklären können und die wir ihm stellen können, wenn wir eines Tages nach unserem irdischen Tod vor ihm stehen.

Wir würden den Schöpfer gern auf die dreidimensionale Welt beschränken, da wir nichts anderes kennen. Für Gott ist der Raum jedoch unendlich, weshalb wir ihn nicht auf das Universum eingrenzen können. Viele fragen sich, warum wir ihn nicht sehen können. Das war nicht immer so, weil die ersten Menschen, die Gott geschaffen hatte, noch mit ihm in einer Gemeinschaft lebten. Sie konnten ihn noch sehen, sie standen ihm sozusagen von Angesicht zu Angesicht gegenüber. Durch den Sündenfall wurde der Mensch von Gott getrennt. Unser Schöpfer hasst jede Sünde und wird sich deshalb keinem Sünder persönlich zeigen, solange er sich nicht zu Jesus bekehrt hat. Aber selbst den bekehrten, wiedergeborenen Christen wird sich der Herr nicht schon hier auf der Erde zeigen, sondern er schickt ihnen den Heiligen Geist, damit sie wissen, dass er bei ihnen ist. Nur diese Menschen werden Gott wiedersehen, wenn sie nach dem irdischen Tod zu ihm ins Himmelreich kommen, weil sie dann ohne Sünde sein werden. Wir können nur durch Jesus Christus zu Gott gelangen und wieder Kontakt mit ihm aufnehmen. Jesus hat selbst gesagt, dass niemand ohne ihn zum Vater kommt. Mit anderen Worten, wer das Opfer annimmt, das uns der Schöpfer durch den Tod Jesu anbietet, kann zu ihm zurückkehren. Er bekommt die Vergebung der Sünden und das ewige Leben voller Freude und Hoffnung, das schon hier auf der Erde beginnt, von Gott geschenkt. Es wäre ziemlich einsam im Himmelreich, wenn der Herr diese Möglichkeit nicht geschaffen hätte. Kein einziger Mensch wäre dann nach seinem irdischen Tod wieder bei ihm, weil wir alle Sünder sind. Aber so können wir uns sogar darauf freuen, weil wir in Ewigkeit mit denen verbunden sein werden, die Gott lieben und als ihren Herrn anerkannt haben.

Warum lässt Gott das Leiden auf der Erde zu?

Ich habe oft gehört, dass die Ungläubigen der Meinung sind, sie wollen mit einem Gott, der all das Leid auf dieser Erde zulässt, nichts zu tun haben. Dazu kann ich nur sagen, dass dies ein riesengroßer Trugschluss ist. Gott macht nie Fehler. Er gab uns ideale Bedingungen für das Leben als Mensch auf der Erde. Gott schenkte uns aber auch die Gabe oder Fähigkeit, uns frei zu entscheiden, wodurch wir unseren Lebensweg selbst wählen können. Wer Jesus nicht folgen und zu Gott zurückkehren möchte, der braucht das auch nicht zu tun. Der Herr wird ihn dafür hier und heute nicht bestrafen. Leider entscheiden sich vielleicht gerade deshalb viele Menschen dafür, ihre eigenen Wege ohne Gott zu gehen. Aber der Herr liebt uns alle, also auch die Ungläubigen, so sehr, dass er uns eben so viel Freiheit lässt. Er zwingt niemanden, ihn als den Schöpfer und Herrscher anzuerkennen. Wer sich durch sein Handeln von Gott entfernt, wird jedoch sein ganzes Leben hindurch bis zu seinem irdischen Tod auf der Suche nach dem vollkommenen, inneren Frieden sein, den er nur von ihm bekommen kann. Viele dieser zum Teil sogar sehr reichen, ungläubigen Menschen sind trotz ihrer sehr komfortablen Lebenssituation unglücklich, unzufrieden, verärgert und unausgeglichen. Sie sehnen sich nach innerer Ruhe. Manche Mitmenschen können Gottes Warnungen, die er durch das Gewissen jedem einzelnen Menschen in den Situationen gibt, in denen sie etwas Unrechtes tun, gar nicht mehr hören. Wenn es ihnen nach einer schlechten Tat dann so richtig mies geht, neigen sie oft dazu, Gott die Schuld in die Schuhe zu schieben. Sie vergessen dabei jedoch, dass der Herr ihr Elend nicht verursacht hat, sondern sie selbst daran schuld sind. Das ist typisch für uns Menschen. Es ist eben leichter, andere für das eigene Versagen zu beschuldigen. Dabei sind wir für unser Leben selbst verantwortlich. Wir haben es in unserer

Hand, was aus uns wird und wie wir unsere Zukunft gestalten. Wenn wir lieber auf die Versuchungen des Teufels hören, dürfen wir uns auch nicht bei Gott darüber beschweren, dass es uns nicht gut geht und wir schlimme Zeiten durchleben müssen. Er möchte nicht, dass wir uns so weit von ihm entfernen. Damit wir wissen, wie wir ein Leben führen sollen, das ihm gefällt, hat uns Gott die Bibel gegeben. In dieser Heiligen Schrift finden wir alles, was wir über das Leben wissen müssen. Allerdings wird nicht jeder gleich alles verstehen, was dort geschrieben steht, weil wir durch Studium und Erkenntnis unseren Geist schärfen sollen. Wenn jeder die dort aufgestellten Regeln befolgen würde, gäbe es keinen Krieg, kein Elend und keine Not auf der Erde.

Es geht hier wohlgemerkt nicht um die Geschichtsbücher, in welchen über die vielen Kriege, Missbräuche und dergleichen mehr berichtet wird. Diese Bücher sollen uns zeigen, dass die Menschen immer Sünder und nie besser als heute waren und dass kein einizger Herrscher, ob nun König, Präsident oder anderes Oberhaupt, jemals gerecht gewesen wäre. Denn wer die Macht hat, wird sie missbrauchen. Alle Regierenden lieben es, Macht über andere haben zu können. Das war immer so und wird sich auch nie ändern. Nur wer Gott als seinen Herrscher annimmt, macht sich davon frei. Er lebt zwar auch weiterhin in diesem System, aber wenn er sich zu Jesus bekehrt hat, dann fällt es ihm leichter, gerecht durchs Leben zu gehen. Der Herr liebt trotzdem jeden Menschen. Er will nicht, dass auch nur ein einziger von uns verloren geht. Er wusste natürlich von Anfang an, wie wir Menschen sein würden und hatte sich deshalb eine Möglichkeit ausgedacht, wie er unsere Sünden vergeben kann. Uns mag diese Form der Vergebung durch das Opfern seines eigenen Sohnes nicht gefallen und wir fragen uns vielleicht sogar, ob es nicht eine weniger schmerzliche Methode gegeben hätte. Auf diese Frage werden wir hier auf der Erde keine Antwort bekommen, aber wir können Gott ja all diese Fragen stellen, wenn wir wieder mit ihm im Himmelreich vereint sind. Jesus gab freiwillig sein Leben für uns, weil er wusste, dass nur so die Menschheit von ihren Sünden befreit werden kann. Spätestens bei seiner Gerichtsverhandlung hätte er sich gegen das Todesurteil wehren können, weil die Römer seine Hinrichtung im Grunde genommen nicht forderten. Aber er hat sein Leiden und sogar den eigenen Tod schweigend hingenommen, weil er seine Aufgabe kannte. Eine andere Möglichkeit der Vergebung der Sünden gab und gibt es nicht. Das weiß ich so genau, weil der Herr keine Fehlentscheidungen trifft. Ohne dieses Opfer könnten wir nun einmal nicht nach unserem Tod das ewige Leben im

Himmel bei Gott erhalten, weil es im Jenseits keine Sünde gibt. Wer an diesem Fakt, der zugegebenermaßen nicht leicht zu verstehen ist, immer noch zweifelt, sollte sich folgende Frage stellen. Welcher Mensch lässt sich freiwillig umbringen, wenn hinter diesem Akt nicht mehr als ein simpler Mord an einem einfachen Menschen oder Propheten, für den Jesus in anderen Religionen gehalten wird, steht? Das wäre mehr als unlogisch. Die richtige Schlussfolgerung aus dem Verhalten Jesu wäre die Vermutung, dass er entweder verrückt, dumm oder tatsächlich der Sohn Gottes war. Menschen, die nicht besonders schlau sind oder die ein auffälliges Verhalten an den Tag legen, lassen sich jedoch nicht freiwillig töten, es sei denn, sie wurden verblendet. Aber das war bei Jesus nicht der Fall. Dass dieses Opfer unbeschreiblich groß war, werden diejenigen bestätigen, die selbst schon etwas für den Herrn geopfert haben. Manche müssen sogar täglich Angst um ihr Leben haben und verleugnen ihn trotzdem nicht.

Wirklich sehr viele Menschen stellen oft die Frage, warum Gott all das Elend auf der Erde zulässt, weil das Leid in den letzten Jahrzehnten extrem zugenommen hat. Die Kluft zwischen arm und reich wird immer größer. Während die Menschen in manchen Ländern langsam verhungern, besitzen einige wenige Familien mittlerweile mehr Geld, als sie jemals ausgeben könnten. Und es gibt heute kaum noch einen Tag, an dem nicht Menschen wegen ihres Glaubens an Gott verfolgt und bestialisch zugrunde gerichtet werden. Christen leben in Deutschland zwar noch sicher, aber auch in unserem Land sind der fortschreitende Werte- und Moralverfall zu beobachten, nehmen der Schrecken und die Brutalität zu. Früher hatten es Außenseiter auch nicht leicht. Heute gibt es jedoch kein Halten mehr, weder vor alten Leuten noch vor körperlich, geistig und sozial Benachteiligten. Wenn sich ein Mensch geschlagen gibt, nachdem er verprügelt wurde und am Boden liegt, wird manchmal so lange auf ihn eingetreten, bis er entweder stirbt oder schwer verletzt ist. Häusliche Gewalt hat zugenommen, weil es auch da keine Grenzen mehr gibt. Zu schlagen ist ein legitimes Mittel, um sich durchzusetzen. So denken jedenfalls einige Menschen. Ich vermute, dass die Zeit, in der Noah gelebt hat, nicht schlimmer gewesen sein kann. Christen sind ebenfalls dieser Gewalt ausgesetzt. Und auch das individuelle Leid, das so mancher von uns erdulden muss, können wir nicht immer verstehen und erklären. Manche Menschen leben zufrieden und sind glücklich, während sich andere mit Notsituationen und Krankheiten auseinandersetzen müssen. Der Unterschied besteht jedoch darin, dass gläubige Christen versuchen, ihr Schicksal so gut es geht zu akzeptieren. Sie wissen einerseits, dass Gott sie in jeder Lebenssituation begleitet und beschützt und andererseits, dass nach ihrem Tod ein viel erfüllteres Leben auf sie wartet. Und deshalb können sie ihr Schicksal besser ertragen, auch wenn sie jung sterben müssen. Das Leben im Himmel bei Gott ist viel schöner als das hier auf der Erde. So paradox es auch klingen mag, deshalb kann sich jeder freuen, der so früh wie möglich zu unserem Schöpfer geholt wird. Schlimm ist der Tod nur für diejenigen, die den Verstorbenen liebten und nun mit dem Gefühl des Verlustes und der Trauer auf der Erde zurückbleiben. Sie müssen ohne die geliebte Person so lange hier weiterleben, bis sie am Ende im Himmelreich wieder vereint sind. Dieser Glaube ist der Grund dafür, dass Christen oft viel ausgeglichener und zufriedener sind.

Wir dürfen aber auch nie vergessen, wem wir die Situation auf der Erde zu verdanken haben bzw. wer für das Leid in der Welt wirklich verantwortlich ist. Seit dem Sündenfall hat Satan die Herrschaft auf der Erde. Viele hören das nicht gern, aber genauso wie es Gott gibt, existiert auch Satan. Wer ihn unterschätzt, begeht einen riesengroßen Fehler. Satan bringt jeden dazu, an Gottes Existenz zu zweifeln und Dinge zu tun, von denen wir wissen, dass sie nicht richtig sind. Meistens fühlen wir uns schlecht danach, aber der Teufel freut sich, weil es ihm wieder gelungen ist, einen Menschen zu verführen und dazu zu bringen, Böses oder Falsches zu tun. Im schlimmsten Fall hat Satan sogar vollkommen die Gewalt über den einzelnen Menschen. Massenmörder empfinden keine Reue mehr, weil sie ihr Gewissen, das sie bei der Geburt von Gott bekommen hatten, völlig ausgeschaltet haben. Man kann sagen, dass sie der Teufel voll im Griff hat. Manchmal finden aber auch solche Menschen wieder ins Leben zurück, wenn sie zum Beispiel im Gefängnis auf eine Person treffen, die ihnen ihr Verhalten vor Augen führt. Weil ich weiß, dass der Satan so unbarmherzig zuschlagen kann, bin ich auch in der Lage, selbst Verbrechern zu vergeben. Damit will ich verbrecherisches Handeln nicht entschuldigen, aber es wird so manches erklärbar und verständlich. Viele Menschen geben Gott die Schuld für all dieses Elend auf der Erde. Und obwohl er deswegen sauer auf uns sein müsste, tut er genau das Gegenteil. Er nimmt durch Jesu Tod jede Schuld, die wir jemals auf uns geladen haben, von uns. Eigentlich müssten wir alle sterben, weil wir gesündigt haben und in diesem Zustand nicht in Gottes Reich kommen können. Aber Gott, der allwissend ist, hat für diese aussichtslose Situation eine Lösung gefunden. Der Herr hat das Gericht, das wir für unser Leben voller Sünden zu erwarten hätten, auf seinen eigenen

Sohn übertragen. Mit anderen Worten, in den drei Stunden des Todeskampfes am Kreuz verließ Gott seinen Sohn und legte seine ganze Wut und seinen Zorn auf dieses unschuldige Opfer. Warum hat er das getan? Gott in seiner grenzenlosen Liebe möchte, dass wir alle schon zu Lebzeiten auf der Erde frei leben und nach unserem irdischen Tod wieder mit ihm vereint sein können. Solch ein Gott ist nicht gleichgültig uns gegenüber, sondern er liebt uns. Er hätte uns ja auch selbst unserem Schicksal überlassen können. Und dieser liebende Gott kann aber nicht in das Weltgeschehen eingreifen, weil er den Menschen versprochen hat, dass sie die Herrschaft über die Erde erhalten. Dieses Versprechen kann und wird er niemals brechen.

Warum muss unsere Seele gerettet werden?

Da wir alle von Gott die Fähigkeit bekommen haben, über unser Leben und unsere Existenz auf der Erde nachzudenken, tun wir das natürlich auch ständig. Es wäre wirklich traurig, wenn sich der Mensch zufällig von einem Affen ohne Denkstrukturen zu diesem komplexen Lebewesen mit einer individuellen Persönlichkeit entwickelt hätte. Aber so behaupten es die Anhänger der Evolutionslehre bis heute ohne wissenschaftlichen Beweis. Gott hat uns willentlich so geschaffen, wie wir sind, mit einem Körper, einer Seele und einem Geist. So waren wir von Anfang an, wir wurden mit einem Verstand und einem freien Willen geschaffen, sodass wir unser Schicksal selbst in der Hand haben. Der Herr hat die Schöpfung von Kreaturen, die über ihr Leben selbst entscheiden können, bereits vor der Erschaffung der Welt so beschlossen. Warum Gott ein so kompliziertes Wesen wie den Menschen, der oft nur Ärger bereitet und im Grunde genommen ständig etwas gegen seinen Willen tut, überhaupt geschaffen hat, können wir nur vermuten. Vielleicht brauchte er jemanden, mit dem er seine Liebe teilen kann. Und trotzdem liebt Gott alle Menschen. Für mich ist das sonnenklar, weil man uns wirklich sehr lieben muss, um uns ertragen zu können. Oft rebellieren wir gegen Gott, ohne dass wir es überhaupt merken. Wir denken, dass wir die richtigen Entscheidungen für unser Leben treffen, bis wir feststellen, dass wir einen falschen Weg eingeschlagen haben. Und dann gibt es die vielen, die offen gegen Gott protestieren, ihn für alles verantwortlich machen, was in ihrem Leben schiefläuft. Ich bewundere den Herrn wirklich dafür, dass er so geduldig mit uns allen ist.

Ich kann mich daran erinnern, dass wir in der Schule einen Aufsatz mit dem Titel „Der Sinn des Lebens" schreiben mussten. Es ist doch erstaunlich, dass wir Menschen die einzigen Lebewesen auf der Erde sind, die sich mit diesem Thema überhaupt befassen. Wir wollen wissen, woher wir kommen, warum wir leben und was aus uns nach dem irdischen Tod wird. Christen wissen, dass all die Errungenschaften unseres Lebens auf der Erde zeitlich begrenzt sind und streben deshalb nicht die ganze Zeit nach solchen Dingen. So wie sich der Körper des Menschen nach seinem irdischen Tod zersetzt, so werden auch diese Erfolge nicht mehr existieren und für uns keinen Wert mehr haben. Der Mensch, der nicht an ein Leben nach dem Tod glaubt, lebt in ständiger Hast, weil er Angst davor hat, etwas zu verpassen und am Lebensende bereuen muss, vieles nicht getan zu haben. Jeder hat ein anderes Ziel, der eine häuft Besitz an, der nächste erringt viel Ruhm und Ehre, wieder ein anderer strebt nach Macht und Einfluss. Aber alle weltlichen Errungenschaften sind zeitlich begrenzt. Nach unserem irdischen Tod werden sie alle nutzlos sein, denn im Himmelreich oder in der Hölle brauchen wir sie nicht mehr. Und glücklich machen diese irdischen Güter sowieso nicht auf Dauer. Es gibt so viele Menschen, die angeblich alles in ihrem Leben erreicht haben, aber trotzdem unzufrieden sind. Damit wir trotz allem eine Orientierung haben und nicht verzweifeln, hat uns Gott in der Bibel einige Hinweise zu diesem Thema gegeben.

Das größte Ziel in unserem Leben soll es sein, dass wir an Gott glauben. Ohne den Glauben gehen wir verloren. Unsere Seelen leben ewig, aber wenn wir Jesus nicht nachfolgen und sein Opfer annehmen, bekommen wir nicht die Befreiung von unseren Sünden. Wenn wir uns nicht von unserem bisherigen sündigen Leben abwenden, werden wir bzw. wird unsere Seele tatsächlich nach unserem irdischen Tod in der Hölle sein. Gott will, dass diese Information wirklich alle Menschen erhalten und somit die Wahrheit erkennen, auch wenn ihm bewusst ist, dass sich viele bis zum Schluss gegen ihn wehren und seine Ablehnung bewusst in Kauf nehmen. Sie entscheiden sich oftmals aus Stolz gegen den Schöpfer. Gott weiß von diesen Dingen. Er ist nicht glücklich darüber, aber er akzeptiert unsere Entscheidung. Jeder ist selbst dafür verantwortlich, was nach dem irdischen Tod aus ihm wird, ein geretteter Mitbürger in Gottes Himmelreich oder eine Kreatur in Satans Hölle. Die wichtigste Entscheidung in unserem Leben besteht deshalb darin, das Opfer, das Jesus für uns gebracht hat, zu akzeptieren. Das ist auch der Grund dafür, dass Jesus in der Bibel immer wieder darauf hinweist, dass die Rettung unserer Seele tausendmal wichtiger ist als die

Heilung des Körpers. Es ist besser, als Krüppel zu Gott zu finden, als ewig verloren zu sein. Und deshalb erwähne ich gerade diese Tatsache auch immer wieder. Es gibt nichts Schlimmeres, als wenn unsere Seele ewig von Gott getrennt sein muss. Und weil ich das weiß, habe ich Angst um all diejenigen, die diesen Fakt als Unfug abtun und denen es heute egal ist, was nach ihrem irdischen Tod mit ihnen geschieht. Die Hölle ist tausendmal schlimmer, als wir uns vorstellen können. Das wissen bekehrte Christen aus der Bibel, und weil sie alles glauben, was in der Heiligen Schrift steht, haben sie Angst um die Seelen der anderen. Ja, so ist unser Gott. Er liebt einfach alle und hilft jedem, der sich ihm entgegenstreckt. Und trotzdem denken viele Menschen, dass Gott das Böse geschaffen haben muss, da alles andere ja auch von ihm gemacht wurde. Das ist ein großer Irrtum. Das Böse hat allein Satan zu verantworten. Wer nicht an Gott glaubt, wird die Existenz Satans auch leugnen. Aber es gibt ihn wirklich. Sowohl Satan als auch viele Menschen wollen Gott gleich sein, sozusagen auf gleicher Stufe mit ihm stehen. Gott musste Satan deshalb verstoßen. Er kann es nicht dulden, dass sich solche Wesen in seiner Nähe aufhalten, weil sie durch Stolz und Arroganz geprägt sind. Satan ist clever, das dürfen wir nicht vergessen. Er findet immer eine Möglichkeit, um die Menschen auf seine Seite zu ziehen. Leider sind auch die ersten Menschen auf seine Verführungen hereingefallen. Wir spüren bis zum heutigen Tag die Folgen der Sünden, die Adam und Eva durch ihren Ungehorsam gegenüber Gott verursacht haben. Es ist zwar nicht unsere Schuld, dass die ersten Menschen ihr Versprechen gebrochen haben, aber wir müssen trotzdem mit dieser Schuld leben. Ich bin überzeugt davon, dass jeder von uns genauso gehandelt hätte wie Adam und Eva. Wir sind nämlich alle verführbar. Außerdem zweifeln wir für gewöhnlich erst einmal alles an. Satan kennt diese Schwächen und nutzt sie für seine Ziele.

Wir können jedoch unsere eigene Situation ändern, indem wir das Opfer annehmen, das Gott uns mit dem freiwilligen Tod seines Sohnes Jesus gegeben hat. Man bekommt nicht immer und überall eine zweite Chance oder einen Ausweg aus einer aussichtslosen Situation geboten. Aber Gott lässt uns nicht im Stich, er gibt uns die Möglichkeit zur Umkehr, jedoch aus freiem Willen und nicht durch Zwang. Satan allein ist für all das Elend in der Welt verantwortlich. Gott war bei der Erschaffung der Welt so gnädig und freizügig, dass er den Menschen sogar die Herrschaft über die Erde anvertraut hat, die sie dann jedoch durch Adam und Eva leider an

Satan abgegeben haben, welcher später Jesus selbst anbot, ihm die Herrschaft über die Erde abzugeben. Das hätte er nicht gekonnt, wenn es nicht wahr wäre. Wir können das nur aus der Bibel erfahren. Manche werden jetzt denken, dass es ein Fehler war, den Menschen diese Verantwortung abzugeben. Würde Gott selbst über alle Lebewesen bestimmen, dann gäbe es die Ausbeutung und das Leiden auf der Erde nicht. Gott wollte jedoch, dass wir selbstbestimmte Individuen mit einem freien Willen sind. Dafür sind ihm sicher auch all diejenigen dankbar, die ihn nicht als den Herrn und Schöpfer anerkennen wollen. Selbstbestimmung führt aber leider ganz schnell zu Selbsterhöhung und Selbstüberschätzung. Der Mensch will oft dadurch, dass er genau wie Gott über ein Denkvermögen verfügt, sich vom Schöpfer lossagen und unabhängig von ihm agieren. Satan erkannte diese Schwäche in den ersten Menschen, weshalb es für ihn nicht gerade besonders schwer war, sie zum Ungehorsam zu überreden. Und sofort nach dem Sündenfall übernahm er die Herrschaft auf der Erde. Deshalb ist er und nicht Gott für all das Übel verantwortlich. Man kann dies ganz leicht nachprüfen, indem man die Kleinkinder beobachtet. Jeder sollte sich selbst einmal die Frage stellen, warum sie noch arglos sind, während der Einfluss des Boshaften mit den Jahren immer mehr zunimmt. Kinder sind jedoch zum Glück nicht das Hauptziel Satans. Man könnte jetzt sagen, dass Gott die Menschen und auch die Engel hätte anders erschaffen sollen, damit sie von Anfang an vor der Sünde sicher gewesen wären. Aber das war nicht seine Absicht. Gott hat uns nach seinem Ebenbild geschaffen, also auch mit einem eigenen Willen. Wenn er das nicht getan hätte, wäre die Sünde zwar nicht über uns gekommen. Wir würden dann aber auch wie willenlose Roboter dahinvegetieren. Das würde uns dann noch viel weniger gefallen.

Ist die Bibel das Wort Gottes oder nur ein Buch?

Die Bibel ist ein von Menschen geschriebenes Buch, in welchem es Verhaltensregeln, Geschichtsbücher, Lebensweisheiten, Prophezeiungen und Familienregister gibt. An vielen Stellen steht jedoch geschrieben, dass Gott den Autoren aufgetragen hat, die Texte so niederzuschreiben, wie er es ihnen diktiert hat, es also sein Werk ist. Da entsteht automatisch die Frage, ob man an einigen Merkmalen erkennen kann, dass diese Aussage wahr ist. Die Einheit der Bibel ist zum Beispiel solch ein Merkmal. Die 66 Bücher der Bibel wurden von mindestens 40 verschiedenen Autoren verfasst, die zu völlig verschiedenen Zeiten (Moses 1500 v.Chr., der Apostel Johannes

96 n.Chr.) und an unterschiedlichen Orten (Heskiel in Babylon, Paulus in Rom) gelebt haben. Die Bibel wurde in Hebräisch, Chaldäisch und Griechisch und in verschiedenen Literaturstilen geschrieben. Doch trotz all dieser Gegensätze ergänzen sich die einzelnen Teile und bilden eine Einheit ganz ohne Widersprüche. Es gibt keine sinnlosen Wiederholungen in der Bibel. Obwohl sich die Autoren nicht untereinander verständigen und absprechen konnten, konnte dieses Gesamtwerk entstehen. Oder wie ist es zu erklären, dass Menschen in unterschiedlichen Zeitaltern in verschiedenen Teilen der Welt mit ihren Büchern ein solches Gesamtwerk erschaffen konnten? Die Heilige Schrift hat eine enorme Wirkung auf die Menschen, die an die Botschaft Gottes an uns glauben. Millionen haben durch dieses Buch ihr Leben verändert. Sie fanden den Weg von der Finsternis ins Licht, von der Verzweiflung zur Hoffnung und von der Sünde zur Errettung. Die Botschaft der Bibel hat bereits Mörder, Diebe, Ehebrecher, Drogensüchtige und Gebrochene aus ihrem Elend errettet. Die Bibel ist das Buch, das am meisten gedruckt und in den meisten Sprachen auf der ganzen Welt verbreitet wurde und wird. Sie wurde in mehr als 2000 Sprachen und Dialekte übersetzt. Trotz der vielen Versuche, die Bibel auszurotten und zu verbieten, hat sie die Jahrhunderte überlebt. Ihre Botschaft ist in Begriffen formuliert, die zeitlos sind. Die Bibel richtet sich an Menschen jeder Herkunft und Kultur, an Arme und Reiche, Jugendliche und Senioren, Diplomierte und Schüler. Man kann aus der Bibel immer wieder neue Wahrheiten und Erkenntnisse gewinnen, so oft man sie auch liest und so tiefgründig man sie auch studiert.

Kein Mensch kennt dieses Buch vollständig. Es gibt Tausende von Büchern, die über die Bibel geschrieben wurden. Es wurden viele humanitäre und soziale Einrichtungen gegründet, weil die Bibel Menschen bewegt und motiviert hat, auch Universitäten, Krankenhäuser, Waisenhäuser, Hilfsorganisationen, Missionswerke usw. Die Bibel vermittelt die höchsten Moralmaßstäbe, und wenn in ihr die Sünde beschrieben wird, dann ist diese abscheulich und ekelhaft. Kompromisslos wird die Boshaftigkeit des Menschen dargestellt, damit sich dieser von diesem Verhalten abwendet. Wenn Sünder das Wort Gottes hören, erschrecken sie oft. Und Gläubige merken, dass das Wort Gottes sie stärkt, durch Ermahnung aber auch durch Ermunterung. Gläubige Christen wissen, dass die Bibel das Wort Gottes ist und sie deshalb wertvolle Informationen und Ratschläge aus der Heiligen Schrift bekommen können. Äußerlich betrachtet ist die Bibel natürlich ein

Buch wie jedes andere. Aber an einigen Beispielen kann man erkennen, dass es die Heilige Schrift ist. Das wichtigste Merkmal sind die prophetischen Aussagen, die schon vor Jahrhunderten getroffen wurden, und die entweder alle eingetroffen sind, oder unsere Zukunft betreffen. Die Bibel soll insgesamt 6408 prophetische Angaben enthalten, von denen sich bis jetzt 3268 detailgetreu erfüllt haben. Ausnahmslos jede Vorhersage, die Ereignisse in der Vergangenheit betraf, ist eingetroffen, auch die Prophezeiungen über den Messias. Die restlichen Prophezeiungen werden demzufolge in naher Zukunft in Erfüllung gehen. Ich persönlich kenne natürlich nicht alle Vorhersagen, aber die mir bekannten sind alle wahr geworden. Nicht eine einzige Ankündigung der Propheten musste bisher revidiert oder verändert werden. An der Tatsache, dass sich so viele Ereignisse tatsächlich erfüllt haben, kann man erkennen, dass sie nicht zufällig stattfanden. Menschen können solche detailgetreuen Aussagen für die Zukunft nicht treffen. Gott benutzt uns Menschen jedoch oft, um seine Pläne zu verwirklichen. Deshalb hat er einigen Menschen die Aufgabe gegeben, die einzelnen Schriften der Bibel zu verfassen. Mithilfe dieser Aufzeichnungen sollen uns die Augen geöffnet werden. Gott muss uns keine Hinweise auf die Zukunft geben, aber er weiß natürlich auch, dass spätestens dann, wenn ein vorhergesagtes Ereignis tatsächlich stattgefunden hat, einige Skeptiker hellhörig werden. Wir können den Weg zum Herrn demzufolge auch finden, wenn wir unsere Zweifel bezüglich der Existenz Gottes anhand der erfüllten Prophetien überwinden. Gott schickt auch heute noch bekehrte, gläubige Christen los, um allen anderen von seiner Frohen Botschaft zu erzählen. Ich selbst habe schon gespürt, wie durch mein Einwirken auf andere deren Lebenssituation verbessert wurde. Da wir nur ein Teil des „Leibes Jesu Christi" und alle aufeinander angewiesen sind, lasse ich mich für den guten Zweck der Missionierung gern „gebrauchen". Ich sehe meine Aufgabe darin, den Mit-menschen vom Evangelium zu berichten. Die Umkehr zu Jesus muss je-doch dann von jedem selbst kommen. Deshalb war Missionierung, wie sie in den vergangenen Jahrhunderten auf Druck erfolgte, eine sinnlose Angelegenheit. Aus Angst findet niemand zu Gott.

Ungläubige behaupten zwar öfter, dass die Menschen die Informationen der Propheten erst erhielten, nachdem die Ereignisse schon stattgefunden hatten. Dies ist jedoch nicht möglich, da zwischen der Niederschrift der Prophezeiungen und ihrer Erfüllung Jahrhunderte liegen. Ich habe auch schon das Argument gehört, dass es doch ganz leicht gewesen wäre, diese Vorhersagen zu erfüllen. Es hätte doch nur jemand kommen müssen, der die Schriften genau kannte, und dann alles genauso machen sollen, wie es dort steht. Aber ehrlich gesagt wüsste ich nicht einen einzigen Grund, warum Jesus sich hätte freiwillig kreuzigen lassen sollen, nachdem er bestialisch gefoltert worden war. Es gab natürlich auch später Märtyrer, die für den Glauben an Jesus Christus sogar in den Tod gegangen sind. Doch das Sterben Jesu wurde so detailliert bereits im Alten Testament vorausgesagt, dass kein Zweifel daran bestehen kann, dass er der rettende Messias ist und er sein Leben für alle Menschen der Erde gegeben hat. Auf diese Prophezeiungen gehe ich später noch einmal detailliert ein.

Es gibt auch eine Menge anderer Vorhersagen über geschichtliche Ereignisse, die viele Jahrhunderte später tatsächlich haargenau so eingetroffen sind. Wie hätte man diese Kriege und Jahre der Gefangenschaft so nachgestalten sollen, dass sie genauso erfolgen, wie sie beschrieben wurden? Gerade Kriege haben ihre Eigendynamik, man kann sie nicht planen. Das dürfte jedem normaldenkenden Menschen klar sein. So wurde zum Beispiel prophezeit, dass das jüdische Volk siebzig Jahre ins Exil nach Babylon gehen und dass es in die Welt verstreut aber in der Endzeit wieder nach Israel zurückgeführt werden wird. Mit Hilfe der Bibel kann man sogar einen Blick in die Zukunft werfen. Wir erfahren, wie die Ewigkeit aussieht und dass sie völlig anders ist, als das, was wir in unserem eingeengten Verständnis über Zeit und Raum begreifen können. Wenn wir etwas über das ewige Leben im Himmel wissen wollen, können wir auch das in der Bibel erfahren. Dort steht zum Beispiel geschrieben, dass es für Gott unendlich viele Dimensionen der Wahrnehmung gibt. Wir kennen jedoch nur ein dreidimensionales Denken. Deshalb ist es für unseren Schöpfer möglich, sein Volk in jeder Situation zu beschützen. In einigen Kriegen stand der neue Staat Israel einer absoluten militärischen Übermacht gegenüber und hat die Kämpfe trotzdem gewonnen. Das kleine Land, das 1948 kaum über Waffen und Soldaten verfügte, musste gegen viele arabische Länder mit einer gut ausgebildeten Streitkraft kämpfen und ging am Ende doch als Sieger hervor. Das war nur möglich, weil Gott seine rettende Hand über das auserwählte Volk gehalten hat. Sehr wichtig ist auch die Tatsache, dass bis zum heutigen Tag keine einzige wissenschaftliche Erkenntnis der Bibel durch Forschungsergebnisse der Neuzeit revidiert werden musste. Im Gegensatz dazu gibt es Beschreibungen über naturwissenschaftliche Gesetzmäßigkeiten in der Bibel, die erst viele Jahrhunderte nach ihrer Niederschrift durch die wissenschaftliche Forschung bestätigt wurden.

Ich fragte vor einigen Monaten meine Freundin, ob sie immer noch an Zufälle glauben würde, wenn alle Prophezeiungen in der Bibel, die uns für die Zukunft gegeben wurden, in den nächsten Jahren in Erfüllung gehen. Sie antwortete darauf, dass sie auch dann nicht an die Existenz Gottes glauben würde. Es wundert mich etwas, dass vor allem Atheisten, die für alles einen Beweis brauchen und nicht an Zufälle glauben, so denken. Dabei kann man doch sogar beweisen, dass rein rechnerisch mehrere Tausend Ereignisse nicht zufällig in Erfüllung gehen können. Aber Jesus hatte auch vorausgesagt, dass es in den letzten Tagen unserer Zeit trotz der vielen bestätigten Ereignisse eine Menge Menschen geben wird, die nicht an Gott glauben wollen. Es ist nämlich nicht möglich, Gott allein durch irgendwelche Beweise für seine Existenz und demzufolge auch für die Wahrheit der Bibel zu erkennen. Selbst wenn so mancher rein durch Fakten eines Tages überzeugt werden könnte, würde das demjenigen nicht helfen. Aber es wäre ein Anfang. Vom ewigen Tod gerettet werden kann man nämlich nur durch den Glauben, der von einem selbst kommen muss. Das ist auch der Grund dafür, dass es absolut nichts bringt, wenn wir Christen auf Ungläubige einreden und versuchen, sie zu missionieren. Den letzten Schritt der Umkehr muss jeder selbst tun. Die Verbreitung des Evangeliums ist lebensnotwendig für alle, aber ohne die eigene Einsicht wird gar nichts passieren. Ich warne deshalb gern übereifrige Christen davor, Ungläubige zu sehr zu bedrängen. Wenn wir ihnen davon erzählen, dass sie ohne Bekehrung zu Jesus nach dem irdischen Leben unendlich in der Hölle leiden werden, dann ist das zwar sehr wichtig, aber dieses Bedrängen wird auch sehr viele davon abhalten, weiter zuzuhören.

Ich gebe jetzt eine kurze Auswahl der Prophezeiungen, die sich bereits erfüllt haben. Die erste und wohl eindrucksvollste Aussage ist die über das Volk Israel. Es ist mehrmals zerstreut worden. Eine biblische Voraussage über die Juden besagt jedoch, dass sie trotzdem niemals ihre ethnische Identität verlieren, sondern als besonderes und eigenständiges Volk erhalten bleiben. Wenn ein Volk erobert und besiegt wird und seine Überlebenden in Gefangenschaft geraten, dann löst es sich normalerweise mit der Zeit durch Mischehen und Aussterben auf und wird von den Völkern, unter denen es lebt, assimiliert. Das trifft für dieses Volk jedoch nicht zu. Der Prophet Daniel gab eine Voraussage über vier Weltreiche. Er sagte zwei Mal, dass die jüdische Nation vier verschiedenen Weltreichen unterworfen sein wird. Das jüdische Volk war tatsächlich dem Babylonischen Reich, dem Medopersischen Reich, dem Griechischen Reich und dem Römischen

Reich unterlegen, bevor es zerstreut wurde. Diese Prophezeiungen sind detailliert und eindeutig beschrieben und haben sich exakt erfüllt. Das jüdische Volk wurde deshalb von Gott auserwählt, weil er an dieser kleinen Menschenmenge zeigen wollte, wie er seine Pläne umsetzt. Ansonsten ist es nicht besser oder schlechter als die anderen Völker. Es gibt Aussagen über die Stadt Tyros, welche einen großen Handelshafen am Mittelmeer hatte und etwa 160 km nördlich von Jerusalem lag. Diese Stadt war zum einen Teil auf einer Insel und zum anderen Teil auf dem Festland erbaut worden. In der Prophezeiung von 588 v.Chr. sagte Hesekiel die Zerstörung von Tyrus voraus. Er sagte, dass Tyrus vom Babylonischen König belagert werden wird und die Steine, das Bauholz und der Schutt der Stadt ins Meer geschüttet werden würden. Der Standort der Stadt sollte als blanker Felsblock zurückbleiben, auf dem die Fischer ihre Netze ausbreiten. Die Stadt sollte nie wieder aufgebaut werden. All diese Ereignisse sind über zweihundert Jahre später genauso eingetroffen.

560 Jahre vor der Kreuzigung Jesu erhielt der Prophet Daniel eine Prophezeiung über den exakten Todestag des Messias. Im 9. Kapitel (9,25-27) steht geschrieben, dass von dem Erlass, Jerusalem wieder aufzubauen, bis zum gewaltsamen Tod des Messias 7+62 Jahre (Siebener) vergehen werden (69x7=483 Jahre). Den Erlass gab der persische König Artaxerxes am 05.03.444 v.Chr. Nach der genannten Berechnung würden wir 483 Jahre später auf das Jahr 39 n.Chr. als Zeitpunkt für die Kreuzigung kommen. Nach jüdischer Zeitrechnung umfasste ein Jahr jedoch 360 Tage. Damit entsprechen 483 jüdischen Jahren exakt 173.880 Tage. Wenn wir diese Tage auf unseren heutigen Kalender umrechnen und dabei auch noch die Schaltjahre berücksichtigen, ergibt sich folgendes Datum: 173.880 Tage nach dem 05.03.444 v.Chr. = 30.03.33 n.Chr. Jesus wurde am Tag vor dem Passafest gekreuzigt. Der 30.03.33 n.Chr. scheint das richtige Datum für den Beginn der Passionswoche zu sein, weil in der Prophezeiung gesagt wurde, dass der Messias am Ende von den 7+62 Jahrwochen umgebracht werden wird. Es gibt auch Prophezeiungen über die Stadt Jerusalem. Im Lukasevangelium (21,24) sagt Jesus: „Jerusalem wird zertreten werden von den Nationen bis die Zeiten der Nationen erfüllt sein werden." Seit der Zerstörung Jerusalems durch die Römer 70 n.Chr. war die Stadt von Heiden beherrscht; das ist die Zeit der Nationen. Im Jahr 363 n.Chr. wollte der römische Kaiser Julian der Abtrünnige das Christentum schädigen, indem er den Juden erlaubte, ihren Tempel wieder aufzubauen. Doch ein Erdbe-

ben, ein Orkan und eine Feuersbrunst zerstörten die neuen Grundmauern des Tempels. Nach der Gründung Israels am 14.05.1948 befand sich das alte Jerusalem im Königreich Jordanien. Kurze Zeit später geriet Israel in einen Konflikt mit der Arabischen Liga. Israel stürmte die Altstadt von Jerusalem, doch kurz vor dem Sieg schritten die Vereinten Nationen ein und riefen einen Waffenstillstand aus. Die Altstadt befand sich danach weiterhin in arabischer Hand. 1967 eroberte Israel im Sechstage Krieg zwar Jerusalem, aber bis heute besitzen die Muslime unter Obhut der UNO das Recht, den ehemaligen Tempelplatz mit dem Felsendom und der „Al Aksa Moschee" als ihr Heiligtum zu behalten. Die „Zeit der Nationen" ist also noch nicht erfüllt, und Jerusalem gehört bis dahin den Nationen. Jesus sagte auch etwas über die Städte in Galiäa. Während der Zeit seines Wirkens besuchte er die Städte Kapernaum, Chorazin, Bethsaida und Tiberias. Obwohl er in den ersten drei dieser Städte Wunder wirkte, taten ihre Bewohner keine Buße. Deshalb sprach der Herr, dass über diese Städte Übel kommen würde (Mt. 11,21-24). Über Tiberias verkündete er dies jedoch nicht. Was ist aus diesen Städten geworden? Niemand weiß heute genau, wo diese Städte lagen. Sie sind zerstört worden. Aber Tiberias ist bis heute eine florierende Hafenstadt am Ufer des Sees Genezareth. Es gibt natürlich noch viele andere Merkmale, an denen man erkennen kann, dass die Bibel von Gott inspiriert ist. Aber ich denke, dass die bisher beschriebenen Besonderheiten schon ausreichend sind.

Zusammenfassend kann gesagt werden, dass die Menschen mit ihrem persönlichen und völlig unterschiedlichen Hintergrund ohne das Einwirken Gottes ein so umfangreiches und in sich geschlossenes Werk wie die Bibel niemals hätten erschaffen können. Das verstehen nicht nur Literaturwissenschaftler, die wissen, dass jeder Autor eines literarischen Werkes seinen eigenen Stil und eine individuelle Schreib- und Sichtweise hat, die sich in seinem Werk widerspiegelt. Selbst Menschen, die sich beruflich nicht mit der Analyse von geschriebenen Texten befassen, müssten beim Lesen der Bibel feststellen, dass es in diesem Gesamtwerk keinerlei Stilbrüche gibt. Aus menschlicher Sicht ist es nicht möglich, über einen so langen Zeitraum ein Werk zu schaffen, das so in sich geschlossen und logisch aufgebaut ist, die wichtigsten Themen der Menschheit behandelt und vor allem keine Widersprüche beinhaltet. Die Heilige Schrift ist auch deshalb einmalig, weil sie in ihren prophetischen-, Gesetz- und Geschichtsbüchern sowohl die Grundlagen für die Wissenschaften und das Allgemeinwissen als auch eine Menge Lebensregeln für den Alltag beinhaltet. Sie beschreibt, wie wir uns zu unseren Eltern und Kindern, zu den Verwandten, den Freunden, zu Nachbarn, zu Fremden aber auch zu unseren Feinden verhalten sollen. Über den Umgang mit Feinden wird sonst nirgendwo etwas gesagt, weil dieses Thema sehr brisant ist. Gott möchte, dass wir ausnahmslos mit jedem friedlich zusammenleben, auch wenn uns das im Moment noch unmöglich erscheint. Wer Gott vertraut, der kann mit jedem Frieden schließen. Ein weiteres Merkmal der Einzigartigkeit der Bibel ist, dass nur in diesem Buch beschrieben wird, wie die Welt und die Lebewesen entstanden sind, worin das Wesen des Todes besteht und wie das Ende der Welt aussehen wird. Das sind Informationen, die man nur in der Heiligen Schrift erhalten kann.

Was sagten die jüdischen Propheten über den Messias?

Für mich persönlich waren immer die prophetischen Bücher am interessantesten, Wer würde nicht gern einen Blick in die Zukunft werfen? Und die Tatsache, dass alle Aussagen, die die Propheten über die Ereignisse in der Vergangenheit getroffen hatten, ausnahmslos wahr wurden, zeigt mir, dass es sich hierbei nicht nur um einfache Niederschriften von Menschen handelt, sondern Gott ihnen tatsächlich die Inspiration für die Texte gegeben hat. Der Schöpfer eröffnete den Propheten sogar einen Einblick in die letzten Tage unserer Zeit, also in unsere Zukunft. Auf einige dieser Vorhersagen komme ich später noch einmal zurück. Viele wollen aber einen Beweis haben, den man nicht anzweifeln kann. Es gibt ein paar Merkmale, die die Wahrheit der Bibel kennzeichnen, aber als Beweise würde ich sie nicht bezeichnen, denn Gott will nicht, dass wir ihn durch Beweise erkennen können. Wir sollen allein durch Glauben zu ihm finden. Für Menschen, die alles wissenschaftlich erklären wollen, ist das sicher nicht einfach. Aber wir dürfen nicht vergessen, dass unser Wissen nur begrenzt ist. Das trifft vor allem auf die Wunder zu, die Jesus in den Geschichten des Neuen Testaments vollbracht hat. Skeptiker werden natürlich als erstes fragen, ob Jesus wirklich gelebt hat und ob er tatsächlich Gottes Sohn ist. Dass unser Messias oder Erlöser kommen würde, haben schon viele Propheten im Alten Testament, also Jahrhunderte vor der Geburt Jesu, detailliert vorausgesagt. Es ist wirklich verblüffend, wie genau diese Aussagen sind, obwohl die Schreiber nichts vom kommenden Messias wissen konnten. Es gibt etwa 300 solcher Voraussagen, die sich in Jesus exakt erfüllt haben.

So verkündete zum Beispiel im 8. Jhd. v.Chr. der jüdische Prophet Micha: „Und du, Bethlehem- Ephrata, zu klein, um unter den Tausenden von Juda zu sein, aus dir wird mir herkommen, der Herrscher über Israel sein soll." Im Gebiet von Palästina gab es zwei Orte mit dem Namen Bethlehem. Das Dorf in Judäa, in welchem Jesus geboren wurde, nannte man zur Unterscheidung Bethlehem- Ephrata. Es hatte damals weniger als 1000 Einwohner und befindet sich ca. zehn Kilometer südlich von Jerusalem. Dieser Ort war zu der Zeit, als der Prophet Micha diese Aussage traf, völlig unbedeutend. Der Prophet Jesaja, der von 740- 686 v.Chr. in Juda lebte, sagte voraus, dass der Messias von einer Jungfrau geboren wird. „Darum wird euch der Herr selbst ein Zeichen geben. Siehe, die Jungfrau wird schwanger werden und einen Sohn gebären und wird ihm den Namen Immanuel geben." (Jesaja 7,14). An mehreren Stellen im Alten Testament wird gesagt, dass der Messias ein Sohn Davids sein sollte (Jeremia 23,5; Psalm 132,11). Gott hatte sich David mit einem Eid verpflichtet, dass der Messias ein direkter Nachkomme von ihm sein werde (Jesaja 9,6; Jeremia 23,5). Bis etwa zum Jahr 70 n.Chr. war es jedem Juden möglich, seinen Stammbaum genau zurück zu verfolgen. In Lukas 3,23-37 befindet sich das Geschlechtsregister Marias, der Mutter Jesu. Aus ihm geht hervor, dass Jesus ein Nachkomme Davids war. Dem jüdischen Volk war die Abstammung von Jesus bekannt. Wäre das nicht wahr gewesen, hätten die damaligen Führer des Judentums dies als Argument benutzt, um zu widerlegen, dass Jesus für sich beanspruchte, der Messias zu sein. Sie kannten die Schriften der Propheten genau. In Jesaja 40,3 steht geschrieben, dass der Messias von einem Vorboten (Johannes der Täufer) angekündigt wird, und in Jesaja 11,2; 62,1, dass er vom heiligen Geist gesalbt wird und in Jesaja 9,1-2, dass er sein Wirken in Galiläa beginnen wird.

Im Alten Testament und in der Thora wird an mehreren Stellen betont, dass Wunder geschehen werden, wenn der Messias kommt. In Jesaja 35,4-6 steht geschrieben: "Saget denen, welche zaghaften Herzens sind: Seid stark, fürchtet euch nicht! Siehe euer Gott kommt... er SELBST kommt und wird euch retten. Dann werden die Augen der Blinden aufgetan und die Ohren der Tauben geöffnet werden; dann wird der Lahme springen wie ein Hirsch und aufjauchzen wird die Zunge des Stummen." Und in Jesaja 29,24 wird prophezeit: "Und die Menschen, die verirrten Geistes sind, werden Verständnis erlangen." Durch den Messias sollten also Lahme, Blinde, Taube, Stumme und Geistesverirrte geheilt werden. Die Erfüllung dieser Prophezeiungen wird nicht nur im Neuen Testament, sondern auch durch andere historische Quellen bestätigt. Der jüdische Historiker Josephus Flavius schrieb in seinem Werk "Antiquitates Judaicae", das im Jahr 93 n.Chr. veröffentlicht wurde, folgendes: "Um diese Zeit des Pilatus 26 bis 36 n.Chr. stand Jesus auf, ein weiser Mensch...er verbrachte wundervolle Taten und war ein Lehrer der Menschen, die die Wahrheit gerne aufnahmen." Und auch im Babylonischen Talmud wird zugegeben, dass durch Jesus tatsächlich Wunder geschehen sind. Jesus trat nicht nur als Helfer der Armen und Kranken auf, er wirkte auch als der Prophet, als welcher er im Alten Testament angekündigt wurde. Obwohl er der "Sohn" eines einfachen Zimmermanns war, kannte er alle Schriften der Juden. Dafür wäre ein langjähriges Studium nötig gewesen, wofür er jedoch nie die Zeit hatte. Besonders den Schriftgelehrten fiel das auf, und sie wunderten sich sehr. Aber sie müssen diese Tatsache ignoriert haben, denn sonst hätten sie ihn nicht als Gefahr gesehen und den Römern zur Hinrichtung übergeben.

Die Propheten haben noch sehr viel mehr Informationen über Jesus gegeben, zum Beispiel dass er am Kreuz qualvoll sterben wird. Die Kreuzigung als Tötungsmethode wurde schon tausend Jahre vorher in Psalm 22 ausführlich beschrieben, obwohl die Juden niemals auf diese Weise ihre verurteilten Verbrecher hinrichteten, sondern eher durch Steinigung. Dies weist darauf hin, dass die Tötung des Messias von den Römern erfolgen musste. In Psalm 22,17 steht: "Denn Hunde umringen mich, eine Rotte von Übeltätern umgibt mich; sie haben meine Hände und meine Füße durchgraben." Der Ausdruck "Hunde" ist eine Bezeichnung für Nichtjuden. In Psalm 16,10 wird die Auferstehung des Messias vorausgesagt: "...denn du wirst meine Seele nicht dem Totenreich preisgeben und wirst nicht zulassen, dass dein Getreuer die Verwesung sieht..." Christi Himmelfahrt wird in Psalm 68,19 vorausgesagt: "Du bist zur Höhe emporgestiegen..." Der jüdische Geschichtsschreiber Josephus Flavius schrieb in seinem Werk „Antiquitates Judaicae" unter anderem: „Und nachdem Pilatus auf die Veranlassung unserer eigenen Führer ihn zum Kreuz verurteilte, ließen die, die ihn liebten, doch nicht von ihm. Denn er erschien ihnen wieder lebendig nach drei Tagen..." Da alle Geschichten des neuen Testaments durch die Juden damals nicht als Fälschung deklariert werden konnten, ist es sicher, dass eine Menschenmenge von über 500 Menschen, die Jesus nach seiner Auferstehung gesehen haben, sich nicht irren konnte. Wenn diese Aussagen falsch gewesen wären, hätte das Christentum nicht entstehen können. Die Juden und die Römer hätten eine Fälschung der Texte sofort als Mittel verwendet, um die Entstehung des Christentums zu verhindern. In Psalm 41,9 steht, dass ein vertrauter Freund den Messias verraten wird, in Sacharja 11,12, dass er für einen Preis von 30 Silberstücken verraten wird, in Jesaja 53,12, dass er zusammen mit Verbrechern sterben wird, in Psalm 22,19, dass seine Peiniger um seine Kleider losen werden, in Psalm 69,22, dass ihm Essig zum Trinken gegeben wird, in Psalm 34,21, dass ihm kein einziger Knochen gebrochen werden soll, in Sacharja 12,10, dass seine Brust durchbohrt werden soll, in Psalm 22,2, dass seine letzten Worte sein werden: „Mein Gott, mein Gott, warum hast du mich verlassen?" In Jesaja 53,9 steht geschrieben, dass das Grab des Messias kein Massengrab, wie damals für zum Tode verurteilte Verbrecher sein wird, sondern dass er im Grab eines Reichen bestattet werden wird. Das sind nur einige der Vorhersagen, die die jüdischen Propheten ca. 1600 bis 400 Jahre vor Christi Geburt getroffen haben. Das Erstaunliche ist, dass die Juden das Tanach oder Alte Testament sehr genau kennen und trotzdem nicht daran glauben, dass Jesus der Messias ist.

Wir können das Kapitel 52,13- 53,12 aus dem Buch des Propheten Jesaja als das Evangelium nach Jesaja bezeichnen, weil Gott der Ewige etwa 700 Jahre vor Christus durch Jesaja verkündete, dass der ersehnte Messias von seinem Volk verachtet und abgelehnt werden wird. Dieser Abschnitt in Jesaja zeigt, dass der Messias nicht nur Leiden durch die Menschen erdulden wird. Jesus wird auch stellvertretend als Gerechter für Ungerechte (alle sündigen und reumütigen Menschen dieser Erde) sterben, damit er sie von ihren Sünden erretten kann. In mehreren rabbinischen Büchern wird auf dieses Kapitel des Buches Jesaja hingewiesen, so z.B. im Babylonischen Talmud. Kein Mensch wäre in der Lage, so weit in die Zukunft zu schauen. Aber davon ganz abgesehen bestätigen historische Quellen des römischen Historikers Tacitus, des römischen Statthalters von Bithynien in Kleinasien, des jüdischen Geschichtsschreibers Flavius Josephus und anderer Autoren das Leben und Wirken von Jesus ebenfalls. Weder die Römer noch die Juden hatten jemals ein Interesse daran, die geschichtliche Realität falsch wiederzugeben, zumal Jesus für sie nicht der Erlöser der Menschheit war. Dass der Mensch Jesus gelebt und Wunder vollbracht hat, das bezweifeln auch die Vertreter anderer Religionen nicht. Aber dass er der Sohn Gottes ist, daran glaubten damals die Pharisäer und Hohepriester und das Volk nicht. Und bis heute ist Jesus für Juden und Muslime nicht mehr als ein Prophet oder Prediger, genauso wie für Menschen anderen Glaubens.

Aber dadurch, dass sie ihn nicht als den Erretter der Menschheit erkennen, können sie auch nicht die Vergebung des Herrn bekommen. Es ist nun mal so, dass Gott die Anerkennung des Opfertodes Jesu zur Bedingung macht, wenn wir nach dem irdischen Tod bei ihm im Himmelreich sein möchten. Entweder wir akzeptieren diese Forderung und Gott wird uns belohnen oder wir lehnen sein Angebot ab. Die Konsequenzen müssen wir dann jedoch auch selbst tragen. So hart das klingt, es ist die Realität. Ich weiß aber auch, dass es ganz besonders für Anhänger des jüdischen und islamischen Glaubens sehr schwer ist, diese Bedingung zu erfüllen. Sie wurden ihr ganzes Leben lang anders erzogen und bekamen, gerade was diese Frage betrifft, eine andere Orientierung. Wenn die Juden heute zugeben, dass ihre Vorfahren sich damals geirrt haben, dann müssen sie ja auch akzeptieren, dass der Messias, auf den das Volk damals so sehnsüchtig gewartet hat, zu Unrecht getötet wurde. Aber immer mehr Juden erkennen heute, dass Jesus tatsächlich der Messias ist. Sie nennen sich messianische Juden, weil sie natürlich ihre jüdischen Wurzeln nicht verleugnen und auch weiterhin zum jüdischen Volk gehören wollen. Da man per Geburt Jude wird, ist es auch nicht möglich, diese Volkszugehörigkeit abzulegen. Das sehen natürlich einige Christen und auch streng gläubige Juden ganz anders.

Der islamische Glauben würde sowieso völlig aus den Fugen geraten, wenn Jesus als Messias anerkannt würde. Deshalb ist es höchstwahrscheinlich für die Menschen einfacher, dieses Opfer anzunehmen, die bisher nicht an die Existenz Gottes geglaubt haben bzw. ungläubig waren. Aber wir haben keine andere Wahl. Entweder wir akzeptieren Gottes Geschenk an uns, das er uns aus Gnade gibt, damit unsere Seelen gerettet werden. Oder wir ignorieren ihn ganz einfach und gehen damit das Risiko ein, nach unserem irdischen Tod in ewiger Verdammnis leben zu müssen. Diese Entscheidung kann dir keiner abnehmen. Zum Glück lässt Jesus nicht so leicht locker und klopft mehrmals ganz intensiv an, damit wir über unsere Entscheidungen nachdenken können. Niemand wird einfach verstoßen, aber einige ignorieren bewusst diesen Ruf. Das ist dann ihre freie Entscheidung. Jesus macht nicht nur in Träumen auf sich aufmerksam, er begegnet uns auch durch andere Christen, die von ihm erzählen oder die durch ihr Verhalten zeigen, dass sie Gott schon erkannt haben, aber auch durch bestimmte Ereignisse. Selbst ganz furchtbare Erlebnisse kann er dafür nutzen, um am Ende Positives daraus entstehen zu lassen. Wenn er die Menschen in letzter Sekunde ihres irdischen Lebens vor dem ewigen Tod rettet, dann spricht der Heilige

Geist zu ihnen. Aber auch so teilt uns der Heilige Geist viel öfter mit als wir denken, was wir zu tun haben. Für diejenigen, die diesen Heiligen Geist nicht persönlich kennen, klingt das alles mysteriös. Sie glauben nicht, dass es ihn wirklich gibt. Aber das ist ganz normal, denn wir Menschen neigen nun mal dazu, nur das zu glauben, was wir selbst kennengelernt haben.

Was ist das mit dem Heiligen Geist?

Die noch nicht bekehrten Christen und natürlich die unchristlichen Menschen haben ein Problem damit zu verstehen oder glauben es nicht, dass Gott sich den bekehrten Christen durch den Heiligen Geist mitteilt, und wie er das konkret macht. Bei ihren Überlegungen bedenken sie jedoch nicht, dass wir den Herrn mit unserem begrenzten Denkvermögen nicht im entferntesten begreifen oder erfassen können. Gott ist von Raum und Zeit unabhängig, weshalb kein Mensch dieser Welt jemals sein ganzes Wesen erforschen kann. Dieses begrenzte Denken ist der wichtigste Grund dafür, dass Gott uns verboten hat, uns eine bildhafte Vorstellung von ihm zu machen, denn Bilder können ihn nicht vollständig beschreiben. Er sagt über sich selbst aber in der Bibel, dass er der einzige Gott und Schöpfer ist. Die Götter, die sich die Menschen in all den anderen Religionen selbst ausgedacht haben, bezeichnet er zu Recht als Götzen. Ich habe bisher nicht einen Menschen getroffen, der zu Allah oder Buddha oder wen auch immer gebetet hat und in seiner Not tatsächlich Hilfe von diesem Anbetungswesen erhalten hätte. Das ist mehr als logisch, weil ein Gott, den der Mensch selbst erfunden hat, unsere Hilferufe natürlich nicht hören kann. Bei dem einzigen und wahren Gott ist das ganz anders. Wer in Not ist und den Herrn in seiner Bedrängnis anruft, wird Hilfe bekommen. Das können Millionen von Menschen bezeugen, die genau diese Gnade empfangen durften. In Momenten, in denen es zum Teil um Leben und Tod geht, wird Gott sogar mit den Betroffenen sprechen. Sie hören ihn im Geist oder auch völlig real, oder er spricht zu ihnen durch andere Personen. Für Gott gibt es sehr viele Möglichkeiten, sich uns mitzuteilen. Jedes Mal, wenn ehemalige gestrauchelte Menschen über ihren Wandel zu einem besseren Menschen berichten, schütteln Ungläubige zweifelnd den Kopf. Sie wollen nicht wahrhaben, dass die Verwandlung vom Saulus zum Paulus bei jedem möglich ist. Mit anderen Worten, aus einem Trinker kann mit Gottes Unterstützung ein Sozialarbeiter werden, der Menschen in ähnlicher Situation dabei helfen kann, sich von der Sucht zu befreien. Es hat auch schon Verbrecher und

Gewalttätige gegeben, die durch die Liebe Gottes umgekrempelt wurden und heute sogar als Pastoren tätig sind. Gott benutzt solche schwachen Mitbürger ganz besonders gern, um all den Ungläubigen zu zeigen, wozu er in der Lage ist. Aus fast jedem, der sich zu Jesus bekehrt und damit zu Gott zurückfindet, wird ein besserer Mensch, der nicht mehr sündigen will. Das können alle beobachten, die diese Menschen schon seit langer Zeit kennen. Und trotzdem akzeptieren die ungläubigen Freunde, Verwandten und Bekannten nicht automatisch die Wahrheit, weil wir Menschen innerlich alle Rebellen sind. Es fällt uns schwer, all das aufzugeben, von dessen Wahrhaftigkeit wir unser ganzes Leben lang überzeugt waren. Allerdings kehren nach einer gewissen Zeit auch bekehrte Christen zu ihrem alten weltlichen Verhalten zurück, weil es nicht leicht ist, immer nett und freundlich zu allen zu sein, nie etwas Falsches zu tun und jedem zu helfen. Die Verführungen sind ständig vorhanden und nicht alle können ihnen widerstehen.

Jesus wurde zu uns geschickt und in diese schreckliche Welt geboren, weil er uns die Rettung unserer Seelen bringen sollte. Ohne den Sohn Jesus Christus und seinen freiwilligen Tod am Kreuz wären wir alle ohne Ausnahme verloren und könnten nach unserem irdischen Tod nicht zum Schöpfer zurückkehren und eine Verbindung zu ihm haben. Wir können nur vom ewigen Tod gerettet werden, wenn wir an Jesus Christus als unseren Retter glauben. So unwahrscheinlich es vielleicht auch klingt, aber durch seinen Tod hat er unsere ganze Schuld auf sich genommen und die Verbindung zwischen uns und dem himmlischen Vater wiederhergestellt. Wir Menschen müssen sehr wenig tun, um uns bei Gott für unsere Rettung zu bedanken. Der Schöpfer verlangt von uns nur, dass wir von Herzen unsere Sünden bereuen und akzeptieren, dass er für uns seinen Sohn Jesus geopfert hat. Wer diese Bedingungen erfüllt, wird sofort spüren, wie er wieder durch den Heiligen Geist eine Einheit mit Gott bildet. Diese Erfahrung können jedoch nur diejenigen machen, die diesen Schritt tatsächlich gehen und sich bekehren. Mit anderen Worten, sie kehren von ihrem bisherigen sündigen Handeln um und folgen ab jetzt Jesus. Man kann die Veränderungen im neuen Leben sofort sehen, weil der Heilige Geist beginnt zu wirken. Ich selbst habe das am eigenen Leib erfahren. Seitdem ich bekehrter Christ bin, spüre ich jeden Tag, wie mein Handeln durch den Heiligen Geist positiv beeinflusst wird. Gott spricht durch ihn zu uns, den Gläubigen, und gibt uns damit wertvolle Hinweise. Deshalb ist es nicht verwunderlich, dass manche Christen über Informationen verfügen, die sie eigentlich gar nicht haben könnten. Ich kenne Gläubige, die vom Heiligen Geist Anweisungen bekamen, die ihr Leben maßgeblich beeinflussten und veränderten. Mir hilft der Heilige Geist oft in Situationen, in denen mein begrenztes Handeln als Mensch keinen Erfolg hätte und damit aussichtslos wäre. Wenn ich von diesen Begebenheiten erzähle, dann wundern sich manche darüber, dass ich so viel „Glück" habe, weil sich mehrere günstige „Zufälle" zur gleichen Zeit ereignen. Aber bei Gott gibt es keine Zufälle, er hat alles bis ins kleinste Detail geplant. Wir sind nur die Agierenden in dem Gefüge von Zeit und Raum. Der Heilige Geist gehört zur Person Gottes und hilft uns dabei, die Texte in der Bibel zu begreifen. Diese Erfahrung macht jeder neu bekehrte Christ. Am Anfang versteht man nur einen geringen Teil, weil Gott das so will. Wir erkennen die Zusammenhänge und Bedeutungen der verschiedenen Texte nicht. Je mehr wir uns jedoch mit der Heiligen Schrift beschäftigen, umso klarer wird unser Verstand. Bei jedem Lesen gewinnen wir neue Erkenntnisse, und oft bekommen wir durch bestimmte Bibelstellen gezeigt, welchen Weg Gott für uns gewählt hat und wie wir uns in konkreten Situationen entscheiden oder verhalten sollen. Wer den Heiligen Geist in sich hat, fürchtet sich vor niemandem und vor keiner unangenehmen Situation mehr, weil er weiß, dass Gott ihm hilft und es für den Herrn aus jeder noch so schwierigen Situation einen Ausweg gibt.

Bekehrte Christen, die auf Gottes Wort hören, haben auch mehr Erfolg im Job und im Privatleben, weil sie intensiver spüren, wenn sie etwas Falsches oder Unrechtes tun. Das schützt uns aber leider nicht davor, trotzdem Sünden zu begehen. Unser freier Wille bleibt uns für immer und ewig erhalten, so dass wir selbst über unser Leben entscheiden können. Bekehrte Christen, die ihren Glauben ernst nehmen, bemühen sich ständig, nichts Unrechtes zu tun. Sie möchten so sein, wie Jesus es uns vorgelebt hat. Deshalb sind sie auch eher bereit, Hilfebedürftigen zur Seite zu stehen und zu allen höflich zu sein. Da, wo andere aufgeben, kämpfen sie so lange für die Schwachen, bis eine Lösung in Sicht ist. Wir beten zu Gott und zu Jesus, wenn wir Hilfe brauchen. Die Gebete werden dann erhört, wenn sie seinem Willen entsprechen. Aber auf ein ganz bestimmtes Gebet reagiert der Herr sofort. Wenn wir uns bekehren, unsere Sünden aufrichtig bereuen und den Tod Jesu am Kreuz als das Opfer, das uns Gott gegeben hat, annehmen, dann spüren wir, wie der Heilige Geist zu uns kommt. Nichts sollte uns daran hindern, dieses Angebot anzunehmen. In dieser Zeit, in der es nichts umsonst gibt, ist das kaum zu glauben. Aber Gott liebt uns so sehr, dass er niemals auf die Idee kommen würde, ein Opfer von uns zu verlangen, zumal wir dieses gar nicht bringen könnten. Gott gibt uns den Heiligen Geist, der uns bis zum Ende unseres irdischen Lebens leiten soll, wodurch unser Leben verändert und verbessert werden kann. Der Heilige Geist macht jedoch keine Vorschriften und nimmt uns auch nicht unsere Entscheidungen ab. In manchen verzwickten Situationen würde ich mir das sogar wünschen, aber dann wäre das Leben nicht mehr interessant. Und Fehler müssen wir schließlich auch noch machen, weil man aus ihnen nur lernen kann. Oftmals ist der Einfluss des Heiligen Geistes so unauffällig, dass wir ihn gar nicht wahrnehmen. Erst im Nachhinein erkennen wir, dass Gott wieder einmal positiv und helfend in unser Leben eingegriffen hat.

Ich habe schon von vielen Christen gehört, dass sie in ihrem Beruf sehr viel erfolgreicher sind als ihre Kollegen. Das stimmt tatsächlich, weil wir uns bewusst auf die Lenkung durch den Heiligen Geist verlassen und damit Gott vollkommen vertrauen. Der Herr belohnt diese Hingabe, indem er Situationen durch uns klärt und Probleme aus dem Weg räumt, die für andere eben nicht lösbar sind. Absolutes Vertrauen auf Gott und der Glaube daran, dass er alles zum Positiven verändern wird, hat für Christen oft ein erfülltes und zufriedenes Leben zur Folge. Ich weiß, dass ich auch in meinem Job nicht scheitern werde, weil mich der Herr davor bewahren wird. Aber Christen werden in der ganzen Welt verfolgt und müssen auch hierzulande mit Denunziationen rechnen. Wir müssen auch Prüfungen bestehen, aus denen wir gestärkt hervorgehen, wenn wir uns vor Gott demütigen und uns ihm vollkommen anvertrauen. Aus eigener Erfahrung weiß ich, dass es ein super Gefühl ist, das das Leben um vieles bereichert, wenn wir auf Gottes Weisheit hundertprozentig vertrauen. Er hat Lösungen parat, auf die wir nie im Traum kommen würden. Nach der Zeit der Verfolgung kommt oft die Zeit der Anerkennung. Wir wachsen mit unseren Aufgaben und werden selbstsicherer und vor allem zufriedener. Außerdem erkennen die Menschen um uns herum, dass da schon jemand sein muss, der uns beschützt, weil uns trotz mehrerer massiver Angriffe nichts Negatives passiert und wir von Repressalien verschont bleiben. Das wiederum führt bei einigen von ihnen zum Nach- oder sogar Umdenken.

Wie verhält sich ein bekehrter Christ?

Für die Menschen, die sich zu Jesus Christus bekennen, wird sich das Leben zusehends verändern. Nachdem sie zu Gott zurückgekehrt sind und er ihnen ihre Schuld vergeben hat, beginnen sie ein völlig neues Leben. Die Sünde sollte für uns bekehrte Christen keine Rolle mehr spielen, weil wir davon befreit wurden. Da wir jedoch auch nur wiedergeborene Menschen sind, können wir unser ganzes irdisches Leben hindurch von Satan angegriffen werden. Er führt uns bei jeder Gelegenheit in Versuchung und will damit erreichen, dass wir weiterhin sündigen. Für manche Christen ist es nicht leicht, diesen Angriffen zu widerstehen, aber die meisten sündigten vor der Bekehrung planmäßig, während ihnen dies nun eher unbewusst passiert. Wenn ich bewusst eine Verfehlung wahrnehme, verspüre ich oft sofort das Verlangen, Gott um Vergebung zu bitten. Damit wir nicht so oft verführt werden können und wissen, wie wir unser Leben führen sollen, hat uns der Herr die Gebote gegeben. Diese Gebote sind keine reinen Verbote. Mit ihnen gibt uns Gott die Richtung für ein Leben vor, das ihm gefällt. Und sie sollen uns bei der Bewältigung unserer Alltagsprobleme helfen. Wer voll auf Jesus vertraut und sein Leben im Alltag nach seinem Plan führt, braucht eigentlich keine Regeln mehr. Aber da der Mensch ständig wankt und schwach wird, sind Gottes Gebote doch sinnvoll. Bekehrte Christen verändern ihre Lebensweise und zeigen damit sowohl Gott als auch den Mitmenschen, dass sie friedlich, respektvoll und hilfsbereit zu jedem sein wollen. Wir möchten tatsächlich nur Gutes tun, um damit Gott zu zeigen, dass wir ihn lieben. Und so erkennen unsere Kollegen, Freunde, Bekannten und Familienangehörigen, aber auch fremde Menschen, zu denen wir Kontakt haben, dass dies der einzig richtige Weg ist. Bekehrte Christen sollten also durch ihr Verhalten als gutes Beispiel für die anderen vorangehen und schon von sich aus nicht den Wunsch oder Drang verspüren, etwas Sündhaftes zu tun.

Einige fallen jedoch in ihr altes Verhalten zurück, obwohl sie die Wahrheit erkannt hatten und bekehrte Christen geworden waren. Das ist besonders traurig, zeigt jedoch auch, dass Satan nie schläft. In der Bibel gibt Gott uns unter anderem unheimlich viele hilfreiche Anweisungen und Ratschläge für die unterschiedlichsten Bereiche unseres Lebens, damit wir gegen diese Anfeindungen gewappnet sind. Wenn wir diese Regeln befolgen, werden wir auch schon hier auf der Erde ein erfülltes Leben führen. In der Heiligen Schrift wird außerdem darauf hingewiesen, dass Gott das jüdische Volk ganz besonders beschützt. Er sagt selbst, dass er diejenigen, die diesem kleinen Volk Unrecht angetan haben, zur Rechenschaft ziehen wird. Genauso wird er diejenigen belohnen, die seine Kinder beschützt haben. Das sollte für jeden ein Anreiz dafür sein, sich mehr für das Volk Gottes einzusetzen. Ich liebe das jüdische Volk ganz besonders, weil es auch heute wieder verfolgt und verachtet wird, ohne dass es eine Schuld an der derzeitigen brisanten Situation in der Welt hat. Das jüdische Volk wurde nicht deshalb von Gott erwählt, weil es besser als die anderen ist, sondern weil er an dieser kleinen Menschengruppe zeigen wollte, wie er seine Aussagen in die Realität umsetzt. Ich behandle jeden Menschen gleich und verurteile niemanden. Für mich ist der gerechte und ehrliche Umgang mit allen das wichtigste Ziel. So sollen wir uns verhalten, weil Gott auch alle Menschen liebt. Ich bin davon überzeugt, dass noch sehr viele ungläubige Menschen erkennen werden, wo sie ihren inneren Frieden wirklich finden können.

Wenn wir an Jesus glauben, leben wir zwar auch weiterhin mit all den anderen hier auf der Erde zusammen, aber im Unterschied zu ihnen sind wir schon zu Lebzeiten errettet. Das bedeutet, dass wir Gottes Gnade bereits jetzt und heute in vielen Situationen spüren können. Das hat wiederum Auswirkungen auf unser Verhältnis zu Gott und zu Jesus Christus, aber auch auf unser geistliches Verhalten. Wir zeigen unsere Dankbarkeit und Demut zum Schöpfer ganz offen und bekennen damit, dass wir ihn von ganzem Herzen lieben. Alle Mitmenschen können das sehen und sogar spüren, weil diese Liebe auf sie übertragen wird. Wir zeigen Gott den gebührenden Respekt und die Anerkennung für die unendlich vielen Werke, die er geschaffen hat. Für mich ist das eines der größten Dinge überhaupt, weil es aus menschlicher Sicht einfach unfassbar ist, dass diese Welt, so wie sie existiert und funktioniert, nur durch den Willen des Schöpfers entstanden ist. Es zeigt, was für eine gigantische Macht Gott hat, die er jedoch nicht gegen uns wendet, denn sonst wäre die Menschheit längst ausgelöscht. Bekehrte Christen glauben bedingungslos an die grenzenlose Liebe unseres Herrn und sind ihm für alles dankbar, was er uns schenkt. Deshalb sind wir ständig bestrebt, ein weitestgehend sündenfreies Leben zu führen und seine Gebote zu halten. Aber wir sollten uns nicht ständig Gedanken darüber machen, wie wir das am besten hinbekommen, weil wir sonst keine Zeit mehr dafür haben, ein Leben zu führen, das auch anderen Hilfe bringt. Wir konzentrieren uns dann zu sehr auf uns selbst und suchen in allen anderen Fehler oder ein Verhalten, das nicht gottgefällig ist.

Aber belehrende Christen erreichen wohl eher das Gegenteil von dem, was sie eigentlich wollen. Sie können niemanden zu Jesus führen, denn Belehrungen wirken wie Bevormundung. Dies wiederum ist ein Zeichen von Arroganz, eine Eigenschaft, die nicht von Gott kommt. Aus diesem Verhalten kann man die Liebe Gottes allerdings nicht erkennen. Das ist meine ganz persönliche Meinung, obwohl ich weiß, dass streng gläubige Christen diesbezüglich ganz anders denken. Für sie steht die Einhaltung der Gesetze an erster Stelle, während für mich die Liebe zu Gott und daraus resultierend gute Taten, die ganz automatisch geschehen, am wichtigsten sind. Bekehrte Christen lieben den Herrn über alles und preisen ihn deshalb aus Dankbarkeit für die Errettung und für seine Güte. Sie belehren nicht ständig die anderen. Ich weiß, dass das viele ganz anders sehen. Viele halten das Versprechen Gottes für ein ewiges Leben nach dem irdischen Tod für ein Märchen. Dass dies jedoch die Wahrheit ist, müssen die Menschen, die wir ansprechen, selbst erkennen. Wir Christen müssen wissen, dass wir die anderen nicht bekehren können, aber wir sollten ihnen den Weg zu Gott zeigen. Das gelingt am besten, indem wir ihnen durch unsere Lebensweise vor Augen führen, dass wir durch Jesus ein neuer Mensch geworden sind. Wenn wir nur noch nach seinem Willen leben möchten, gibt es keinen Platz mehr für sündhaftes Verhalten, auch wenn wir gern an dem festhalten möchten, was uns schadet aber scheinbar Befriedigung verschafft. Obwohl auch ich natürlich weiß, dass ich nun nicht mehr sündigen muss und es mit Jesu Hilfe sein lassen könnte, gibt es für mich doch ab und zu einen Rückfall in alte Gewohnheiten und Verhaltensmuster. Der Unterschied besteht jedoch darin, dass ich heute weitaus weniger gezielt falsch handle. Ich lüge nicht mehr bewusst und versuche, mein Leben so zu gestalten, dass es Gott gefällt. Meine Gedanken sind jedoch schon noch oft nicht gerade sündenfrei. Aber ich habe ständig das Bedürfnis, anderen zu helfen oder einfach nur nett zu ihnen zu sein. Ich war früher auch ein freundlicher Mensch, es war mir jedoch bei weitem nicht so wichtig, den anderen meine Liebe zu zeigen. Aber darauf kommt es an. Man erkennt einen ehrlichen Christen vor allem daran, dass er sich mit niemandem streiten und mit allen friedlich zusammenleben möchte.

Nachfolger Jesu verhalten sich tatsächlich anders im täglichen Leben, was man auch in ihrem geistigen Wirken oder Handeln erkennen kann. Sie tun Dinge, die laut Aussagen der Bibel Frucht bringen. Manchmal sind das nur kleine Gesten, aber die Folgen können enorm groß sein. Ich habe zum Beispiel vor ein paar Jahren in der Baptistengemeinde ehrenamtlich Kindern bei den Hausaufgaben geholfen. Die Frucht wird wohl erst in ein paar Jahren zu erkennen sein, wenn die Menschen in unserer Umgebung merken, dass wir aus reinem Hilfebedürfnis Gutes getan haben. Wir haben die Kinder nicht missioniert, aber wir haben ihnen zugehört und eine gute Zeit gegeben, wenn sie bei uns waren. Ich bin überzeugt davon, dass dies der Grundstein für etwas viel Größeres sein kann. Vielleicht erinnern sich diese Kinder an die gute Zeit zurück, wenn sie selbst Erwachsene sind und eigene Kinder haben. Gottes Handeln ist für uns nicht immer sofort erkennbar. Er bereitet schon heute vor, was wir nach Jahren ernten. Kinder, die von ihren Eltern nicht genügend Liebe erhalten, sind ganz besonders empfänglich für die Liebe des Herrn, den sie sehr intensiv spüren können. Jedoch kann jeder diese Erfahrung machen und Gott persönlich kennenlernen. Ich spreche da aus eigenem Erleben. Sofort nach meiner Bekehrung verspürte ich den Wunsch, meine Erkenntnisse anderen mitzuteilen. Deshalb schreibe ich seitdem fast täglich Beiträge im Internet, in denen ich das Wort Gottes verbreite und Erklärungen über den Glauben und das Evangelium gebe. Viele Menschen haben sich vielleicht nur deshalb noch nicht zu Jesus bekehrt, weil sie einfach keine Kenntnisse über das Thema Bekehrung haben. Sie wissen nicht, was in der Bibel steht und haben deshalb möglicherweise eine Abneigung gegen dieses für sie mysteriöse Buch. Dabei steht im Evangelium die wichtigste Nachricht an die Menschen, nämlich dass wir alle durch das Opfer, das Jesus am Kreuz für uns gebracht hat, vom ewigen Tod gerettet werden können. Diese Botschaft muss doch jeder bekommen. Wer dieses Angebot, das Gott uns aus freiem Willen und ohne irgendwelche Bedingungen anbietet, trotzdem nicht annimmt, hat sich selbst so entschieden. Er kann sich später auch nicht darüber beschweren, dass seine Seele nicht ins Himmelreich kommt.

Ganz wichtig ist es außerdem, dass wir Christen in der Gemeinschaft mit Gläubigen leben. Unsere Umwelt ist nun mal nicht immer gut und viele werden versuchen, uns von unserem Glauben abzubringen. Wer dann keinen gefestigten Charakter hat, dem wird es sehr schwerfallen, sich gegen diesen Ansturm zur Wehr zu setzen. Allerdings ist es nicht so einfach, die richtige Gemeinde zu finden, da es überall Christen gibt, die sich nicht gerade so verhalten, wie Jesus es gefallen würde. Deshalb sollten wir den Heiligen Geist darum bitten, uns die Gemeinde zu zeigen, in der wir die Liebe Gottes spüren können. Es kann jedoch auch schlimme Folgen haben, wenn sich Christen vollkommen von der Umwelt abkapseln, damit die anderen Mitmenschen, die sie für permanente Sünder halten, sie nicht verführen können. Der Mensch ist ein Gemeinschaftswesen und nicht für die Einsamkeit geschaffen. Aber genau dort kann man landen, wenn man alle anderen ablehnt. Außerdem ist es die oberste Aufgabe eines jeden bekehrten Christen, andere zu Jüngern Jesu zu machen. Wie soll das gehen, wenn wir Ungläubige gar nicht an uns heranlassen?

Es gibt viele Möglichkeiten und Situationen, in denen Gott auch über die Frage „Wie finde ich die richtige Gemeinde für mich?" zu uns spricht. Eine davon sind Träume, die der Herr uns schickt. Ich selbst hatte einen Traum in der Nacht direkt nach meiner Bekehrung. Jesu Zusage, dass sich alles zum Guten wenden wird und auch meine Bekannten und Verwandten ihn noch erkennen werden, hat mich sehr ermutigt. Ich speise bis heute meine Hoffnung daraus, dass sich auch für diejenigen, die ich liebe, eines Tages etwas in ihrem persönlichen Leben verändern wird. Natürlich wünsche ich auch allen anderen, dass sie bald den Weg zu Gott finden. Es sind manchmal ganz eigenartige Situationen, die das Leben eines Menschen radikal verändern können. In unseren Träumen kann zum Beispiel Gott mit uns reden. Dass das wirklich so ist und nicht nur Einbildung erkennen wir daran, dass wir diese Träume wie in meinem Fall nicht als Last empfinden oder durch sie sogar Angst bekommen. Im Gegenteil, sie beruhigen und helfen uns in schwierigen Lebenssituationen. Andere Christen haben mir auch schon von Erfahrungen erzählt, die sie durch solche Träume machen konnten. Die meisten Träume sind natürlich bedeutungslos oder das Ergebnis von Erlebnissen, die wir noch nicht verarbeitet haben. Aber wenn wir diese Träume deuten wollen, müssen wir vorsichtig sein, da Satan auch diesen Einfluss kennt. Er schickt uns Träume, die uns jedoch ins Verderben stürzen können, wenn wir sie für wahr halten. Wenn im Traum von uns etwas gefordert wird, das mit Gottes Willen nicht übereinstimmt, dann wissen wir ganz genau, dass diese Information nicht von Gott kommen kann. Sie soll uns ganz einfach dazu verführen, etwas Unrechtes zu tun. Wer aber sündhaftes Handeln gegen Gott für unwichtig hält, der muss mit den Konsequenzen leben, dass der Herr ihm seine Hilfe vielleicht entzieht. Diejenigen, die sich zu Jesus bekehrt haben, besitzen deshalb nun keinen Freibrief zum Sündigen. Sie sind zwar durch den Opfertod Jesu von all ihren Sünden befreit worden und können deshalb das ewige Leben von Gott erhalten. Die sündige Natur bleibt jedoch leider in jedem Menschen, bis er die Erde verlässt. Darum könnten wir auch weiterhin nach weltlichen Regeln und Maßstäben und auf unchristliche Weise leben, auch wenn wir nun ganz genau wissen, was Gott von uns erwartet. Für die Erlösung von der Verdammnis reicht es nicht, dass wir nur das Übergabegebet an Jesus sprechen. Nicht jeder, der behauptet, dass Jesus Christus sein Herr ist, kommt automatisch nach seinem irdischen Tod in den Himmel. Dafür ist es wichtig, dass wir den Willen des Vaters auch hier auf der Erde schon erfüllen. Mit anderen Worten, zuerst müssen wir uns zu Jesus bekennen und dann die restliche Zeit unseres Lebens ohne Sünde und nach dem Willen Gottes leben. Das ist natürlich nicht einfach, weil wir täglich Versuchungen ausgesetzt sind. Gott weiß das und ist gnädig, aber er duldet es nicht, wenn Christen bewusst nicht nach seinen Gesetzen leben und denken, dass sie durch ein nicht ernst gemeintes Gebet der Reue alle Missetaten automatisch vergeben bekommen. Ein gläubiger Christ zu sein bedeutet jedoch, dass wir unser altes Leben ablegen und Gott als unseren Herrscher anerkennen, weil wir wissen, dass wir dann ein erfülltes Leben haben werden.

Die Lebensqualität nimmt tatsächlich um vieles zu, wenn wir in Jesus sind. Das konnte ich schon oft feststellen. Hätte ich mich in bestimmten Situationen so entschieden, wie ich es früher nach meinem eigenen Willen getan hatte, dann hätte ich nicht so viel Segen bekommen und anstehende Probleme wären nicht annähernd so gut gelöst worden. Wir müssen bedenken, dass Gott uns nie schaden würde. Wenn wir ihm vertrauen, dann wird er unser Leben zum Positiven verändern. Das kann unter Umständen eine Weile dauern, aber wer beständig am Glauben festhält und auf den Herrn vertraut, der wird den Segen spüren. Außerdem bekommt jeder nach dem irdischen Tod durch die Gnade Gottes das ewige Leben geschenkt. Das ist eigentlich das zentrale Thema oder die wichtigste Botschaft des Evangeliums. Aber leider wird darauf in vielen Gottesdiensten gar nicht hingewiesen. Fakt ist, dass die Menschen, die ein Nachfolger Jesu Christi sind, durch den Heiligen Geist ein völlig neues Wesen haben und gar nicht mehr sündigen müssen. Es fällt ihnen zumindest viel schwerer, bewusst Dinge zu tun, die nicht nach Gottes Willen sind. Aber jeder weiß auch, dass Satan keine Chance auslässt, um uns in Gefahr zu bringen und zu verführen. Hat er dann doch einmal Erfolg und bringt uns dazu, Unrechtes zu tun, dann gibt es für gläubige Christen immer noch den Weg der Umkehr. Wenn wir in einer solchen Situation unsere Verfehlungen von Herzen bereuen und Buße tun, dann ist Gott gnädig und vergibt uns. Natürlich trifft dies nur dann zu, wenn die Reue ehrlich ist. Zu glauben, dass Gott alle Sünden von bekehrten Christen automatisch vergibt, ist ein riesengroßer Irrtum. Wenn wir planmäßig voller Sünde leben, obwohl wir die Wahrheit kennen und den Heiligen Geist bereits kennenlernen konnten, dann wird uns der Herr unsere Sünden nicht vergeben und uns trotzdem verstoßen. Menschen, die ständig planvoll sündigen, haben ihr eigenes Gewissen bewusst ausgeschaltet und sind deshalb für die Warnungen Gottes gar nicht mehr empfänglich. Ich denke selbst öfter darüber nach, weil ich bei weitem nicht sündenfrei bin. Aber ich versuche, mit allen in Frieden zu leben und nicht bewusst gegen den Willen Gottes zu verstoßen. Er weiß, wie schwer mir das manchmal fällt, weil es ständig Situationen gibt, in denen ich schwach werden könnte. Ich gebe ehrlich zu, dass ich manche Dinge auch heute noch tue, obwohl ich weiß, dass mein Handeln nicht richtig ist. Wie für die meisten Menschen war früher Anerkennung in der Gesellschaft für mich unheimlich wichtig. Heute hat das keine Bedeutung mehr. Ich strebe nicht mehr nach Ruhm und Ehre, falls ich das überhaupt jemals getan habe. Auch Geld ist mir nicht mehr wichtig, weil ich gemerkt habe, dass Gott mich mit dem Lebensnotwendigen ständig versorgt. Deshalb spende ich seit 2015 regelmäßig für die Kinder eines Waisenhauses in Kamerun Geld, aber auch Kleidung. Alle Sachen, auch die Pakete nach Pakistan und Indien, sind bei den Kindern angekommen. Das Geld wird uns doch auch nur von Gott gegeben, damit wir es zu seiner Ehre einsetzen. Das bedeutet im Rückschluss auch, dass, wenn wir von Herzen etwas von unserem Vermögen abgeben, er uns um das Vielfache belohnen wird. Seitdem ich so spendenfreudig bin, habe ich schon zweimal eine Lohnerhöhung bekommen. Vorher ist 17 Jahre lang nichts passiert. Wenn man das alles weiß, dann kann man auch verstehen, dass bekehrte Christen viel ruhiger leben und ausgeglichener sind. Sie müssen nicht ständig nach irdischen Gütern streben, weil sie auch so glücklich sind. Ich wollte vor Jahren Schriftstellerin werden, weil ich den Gedanken toll fand, etwas Bleibendes zu schaffen, was viele Leute kennen. Heute möchte ich mit meinen Büchern nur noch die Leute erreichen, damit sie die Wahrheit verstehen können.

Dass es ein Leben im Himmel tatsächlich gibt und mit dem irdischen Tod unser Leben nicht zu Ende ist, bezeugen unter anderem viele Menschen, die Nahtoderfahrungen gemacht haben. Ihre Berichte stimmen in fast allen Details überein. Nach dem irdischen Tod verlassen unsere Seele und unser Geist, welcher durch die Bekehrung zu Jesus dann wieder aktiviert ist, unseren langsam verfallenden Körper. Unsere Seele kann nicht sterben und lebt ewig. Wir müssen jedoch zu Lebzeiten auf der Erde entscheiden, wo wir ewig leben wollen, in der Hölle oder im Himmel bei Gott. Es wäre wirklich furchtbar, wenn einige die falsche Entscheidung nur deshalb getroffen hätten, weil sie zu lange zweifelten und zögerten. Ich verstehe, dass die Umkehr zu Jesus besonders für diejenigen schwer sein wird, die ihr ganzes Leben lang andere Sichtweisen vertraten. Um die Wahrheit zu erkennen, brauchen manche Menschen Jahre. Aber Gott hat Zeit und ist geduldig. Er wartet sehnsüchtig auf jeden, der sein Angebot der Rettung letztendlich annimmt. Auch du kannst einer von diesen Menschen sein, die die Gnade Gottes schon bei Lebzeiten auf der Erde erfahren und die in der Ewigkeit in Gottes Reich leben werden. Dieser kleine Schritt wird dein ganzes Leben zum Positiven verändern. Ich kann und werde niemanden dazu überreden, Gottes Willen anzunehmen. Aber ich weiß aus eigener Erfahrung, wie groß die Segnungen sind, die Gott uns schon jetzt gibt, wenn wir ihm vertrauen.

Wir wissen, dass wir sowohl durch den Glauben an Gott als auch durch unsere guten Werke selig werden. Dabei muss gesagt werden, dass der Glaube an Jesus Christus uns erst dann errettet, wenn wir eine persönliche Bindung zu ihm haben. Es reicht nicht, wenn man die Bibel in- und auswendig kennt und an ihre Wahrheit glaubt. Das ist höchstens der erste Schritt auf dem Weg zur Errettung. Viele Menschen, die sich als Christen bezeichnen, haben gar keine direkte Bindung zum Herrn. Man kann diesen Kontakt nur aufbauen, indem man vor Gott seine Sünden bereut und Gottes Opfer, das er durch Jesu Tod für uns gegeben hat, dankend annimmt. Das Gebet, mit dem man sein altes Leben hinter sich lässt und es nun Jesus übergibt, nennt man auch Übergabegebet, weil man sein sündhaftes Leben an Jesus abgibt. Im Grunde genommen ist es egal, ob man die wenigen Sätze laut ausspricht oder im Stillen im Kopf formuliert. Gott sieht in unsere Herzen und weiß genau, ob wir es ernst meinen oder nicht. Und er braucht uns dafür gar nicht zu hören. In dem Moment jedoch, wenn wir uns zu Jesus bekehrt haben, verändert sich unser Leben radikal. Wir selbst spüren das vielleicht gar nicht so sehr, aber unsere Umwelt registriert unser neues Wesen schon. Am deutlichsten merkt man den Unterschied in unserem veränderten Lebensstil und den guten Taten, die wir für andere nun ganz selbstverständlich vollbringen wollen. Man spürt tief im Inneren den Drang, Gutes zu tun und nicht mehr so viel zu sündigen. Ich habe dieses Gefühl bis zum heutigen Tag in mir, aber auch die Sehnsucht, nach dem Guten in den Menschen zu suchen. Wenn mir jemand ablehnend begegnet, dann werde ich automatisch freundlich. Das irritiert diese Menschen sehr, weil sie skeptisch sind und einfach nicht glauben können, dass man auf Unmut und Unfreundlichkeit nett reagieren kann. Aber bisher hat sich die Einstellung dieser Mitbürger immer innerhalb von Minuten geändert. Ich weiß nicht, wie oft ich es schon erlebt habe, dass ich in einer Behörde oder einem Amt einem verstimmten Mitarbeiter begegnet bin, der mein Problem gar nicht bearbeiten wollte. Nach kürzester Zeit war nicht nur die Aufgabe ganz leicht erledigt, oftmals lächelten diese Beamten sogar und verabschiedeten sich freundlich. Manch einem jungen Migranten, mit dem ich solche Situationen erlebt habe, kam das Ganze sehr mysteriös und unheimlich vor. Mein Standardspruch lautet in solchen Situationen: „Sei immer freundlich zu jedem, auch wenn zum Beispiel der Beamte dich gerade ungerecht behandelt und dir ablehnend begegnet! Du wirst sehen, wie sich die Einstellung dieser Person innerhalb kürzester Zeit verändert."

Ich persönlich kenne keinen bekehrten Christen, der sein Verhalten nicht geändert hätte und heute nicht netter zu seinen Mitmenschen wäre. Bekehrte Christen können deshalb so handeln, weil sie Jesus lieben und diese Liebe ständig spüren und weitergeben möchten. Wenn der Herr sich über unsere Taten und Handlungen freut, dann empfinden wir auch eine unbeschreiblich große Freude tief in uns. Er selbst hat uns gesagt, was wir tun können, damit wir ihn glücklich machen. Wir sollen durch unsere guten Taten ein Beispiel für seine Liebe geben, ihm dienen und unsere Feinde lieben. Wenn uns jemand etwas Böses antut, sollen wir nicht auf Rache sinnen. Am wichtigsten ist wohl aber, dass wir anderen helfen sollen, wenn sie in Not sind. Das klingt, als ob dieses Gebot ziemlich leicht und einfach zu befolgen ist. In Wahrheit ist es jedoch manchmal sehr schwer zu bewerkstelligen, wenn unser Gegenüber nicht bereit ist, auch einen Schritt auf uns zuzugehen. Wer beständig auf Ablehnung stößt, dem fällt es unheimlich schwer, noch Vertrauen zu jemandem zu haben oder für andere Gutes zu tun. Aber auch diesen Menschen hilft Jesus, indem er ihnen immer wieder Mut und Kraft gibt, um jede auch noch so schwierige Situation zu meistern. Wenn wir Jesus mit unseren Gaben dienen, die uns Gott gegeben hat, dann halten wir an dem rettenden Glauben fest. Wir vollbringen gute Taten, die oftmals nicht sofort ein positives Ergebnis hervorbringen. Manchmal gibt es die guten Resultate erst Jahre später. Ich persönlich habe damit ein sehr großes Problem, weil ich oft sehr ungeduldig bin und nicht so lange warten möchte. So wie mir geht es wohl den meisten Christen, die die gute Botschaft weitererzählen und hoffen, dass noch viele Menschen Christus folgen werden. Es braucht alles seine Zeit, und nur Gott allein weiß, wann man dazu bereit ist, ihm sein Herz zu schenken. In diesen Momenten findet er die einzig passende Methode, um uns diesen Schritt zu erleichtern. Bei mir war es ein simples Video im Internet über Menschen, die erzählten, wie ihr Leben vor ihrer Bekehrung verlaufen ist, wie sie zu Jesus gefunden haben und wie sich dadurch ihr Leben verändert hat.

Wenn Menschen sich zu Jesus bekehren, verändert sich jedoch ihr Leben schon hier auf der Erde. Sie leben in Jesus und besitzen jetzt schon das ewige Leben, das um vieles interessanter und ausgefüllter ist, als das Leben eines ungläubigen Menschen. Der Grund dafür liegt darin, dass sie durch den Heiligen Geist, der in ihnen ist, nun besser durchs Leben geführt werden. Das bedeutet jedoch nicht, dass sie keine eigenen Entscheidungen mehr treffen müssen. Der Heilige Geist hilft immer dann, wenn man nach Gottes Willen handelt, aber selbst an seine Grenzen kommt und gestellte Ziele allein nicht erreichen kann. Plötzlich werden Türen geöffnet, die sonst immer verschlossen gewesen sind. Menschen treten in Erscheinung und ändern Gesetze und Regeln. Ein bekehrter Christ wird auch auf Probleme stoßen und schwierige Lebenssituationen meistern müssen, aber wenn er in allem, was er tut, auf Gottes Plan vertraut, dann weiß er, dass er nie im Stich gelassen wird und sich auf die Unterstützung des Herrn in jeder noch so komplizierten Situation verlassen kann. Wenn man das weiß, kann man Dinge tun, die sehr viel Mut und Durchhaltevermögen verlangen. Bekehrte Christen können jedem die Stirn bieten und erhalten von Gott die verschiedensten Gaben, damit er seine Ziele erreichen kann. Es gibt auch noch einen anderen, wesentlichen Unterschied zwischen den Nachfolgern Jesu und Ungläubigen. Während die anderen ständig auf der Suche nach der Erfüllung ihrer Bedürfnisse sind, ist für bekehrte Christen das Streben nach Macht, Ruhm, Ehre, Geld, Anerkennung, vielleicht sogar Liebe, absolut nicht mehr wichtig. Sie sind von der Liebe Jesu so ausgefüllt, dass all die anderen Dinge gar keine Rolle mehr spielen. Und wenn sie etwas nicht bekommen, das sie sehr begehren, dann ist es sicher zu ihrem Wohl. Wer nach weltlichen Dingen sucht, wird nie zufrieden sein, denn wenn er ans Ziel gekommen ist, fühlt er trotzdem noch Leere in sich und sucht nach dem nächsten Kick. Das ist auch der Grund dafür, dass superreiche Menschen doch oft unzufrieden und unglücklich sind. Ihnen fehlt das innere Gefühl der absoluten Liebe und des Friedens, das sie nur von Jesus bekommen können. Vor ein paar Jahren hätte ich gesagt, dass das nicht sehr spannend klingt. Aber heute weiß ich, dass es nichts Wichtigeres als innere Ruhe gibt. Wir leben in einer unruhigen Zeit voller Ungewissheit. Da sehnt sich fast jeder nach Beständigkeit. Ich selbst fühle mich jedoch durch die Unterstützung des Heiligen Geistes sehr selten unglücklich und freue mich über jedes Lächeln, jede gute Geste. Dann verspüre ich ständig den Drang, Gutes zu tun. Letzten Endes freue ich mich natürlich, wenn ich dadurch wiederum andere glücklich gemacht habe. Zur Belohnung unterstützt Gott Menschen, die nicht aus Eigennutz handeln, oftmals so, dass ihnen die Arbeit ganz leicht von der Hand geht. Und wenn doch einmal Kummer und Trübsal herrschen, dann hilft der Herr, diese Zeiten schneller zu überstehen. All das zusammen macht gläubige Christen einfach nur zu zutiefst zufriedenen und ausgeglichenen Bürgern. Und da wir wissen, dass nach unserem irdischen Tod ein noch viel schöneres Leben auf uns wartet, kann man auch verstehen, warum die wahren Nachfolger Jesu ihren Glauben nie verleugnen. Viele von ihnen werden verfolgt, ins Gefängnis geworfen, gefoltert oder sogar getötet. Und trotzdem verleugnen sie Jesus nie. All diese Qualen würde ein Mensch nicht auf sich nehmen, wenn es beim Evangelium nur um eine Idee oder ausgedachte Geschichte ginge. Weil die Nachfolger Jesu die Wahrheit kennen und von Gott beschützt werden, haben sie weder Angst vor den Schwierigkeiten, die täglich auf sie warten, noch vor der Willkür anderer Menschen. Diese Gewissheit macht alle bekehrten Christen stark gegen den Rest der Welt. Wer sein altes Leben hinter sich gelassen und es vollkommen dem Herrn gegeben hat, braucht sich wirklich keine Sorgen mehr zu machen, denn es findet sich immer eine Lösung für auftretende Probleme.

Gott bringt uns auch durch individuelle Führung zu einem Leben, das nach seinem Sinn ist. Wir sollen uns aber nicht darauf verlassen, dass er uns zu jeder Zeit die richtige Lösung für unsere Probleme geben wird. Das wäre zu einfach und würde nicht seiner Entscheidung und seinem Willen entsprechen, denn er erschuf uns als selbstbestimmte Individuen mit einem freien Willen. Aber es ist sehr hilfreich für uns, wenn wir ihn öfter darum bitten, uns den Weg zu weisen, den er für uns ausgewählt hat. Wenn wir nämlich diesem Weg folgen, werden wir merken, wie seine Segnungen wirksam werden. Ich selbst bitte sehr oft um Weisungen, weil ich mir nicht immer sicher bin, ob die Dinge, die ich tagtäglich für mich und meine Umwelt entscheide, auch wirklich richtig und in seinem Interesse sind. Aber obwohl ich ziemlich oft keine eindeutige Anleitung besitze, gehe ich trotzdem davon aus, dass mein Handeln wohl doch in seinem Sinn sein wird. Wäre das nicht der Fall, dann würde er mich durch den Heiligen Geist daran hindern, bestimmte Dinge zu tun. Gott handelt so, weil er uns unser selbstbestimmtes Wesen, das durch einen Willen gekennzeichnet ist, nicht einschränken oder nehmen möchte. Ungläubige Menschen denken jedoch oft, dass Christen keinen eigenen freien Willen mehr besitzen. Das ist ein gewaltiger Irrtum. Alle Menschen, egal ob Ungläubige oder Gläubige, besitzen ihr ganzes Leben lang die Gabe der freien Entscheidung. Ehrlich gesagt, ich würde mich wahrscheinlich auch nicht ganz wohl in meiner Haut fühlen, wenn ich wüsste, dass ich gar nichts mehr aus mir selbst heraus tun könnte. Wäre das der Fall, dann hätte uns Gott doch gleich ohne Willen erschaffen können, und dann wäre der Opfertod Jesu nicht nötig gewesen.

Einige Christen können sogar Zeichen für die Zukunft deuten, weil Gott ihnen Offenbarungen gibt. Aber für alle bekehrten Christen trifft folgendes zu. Wer sich von Gott in seinem Leben führen lässt, wird merken, dass er sich vor nichts und niemandem mehr zu fürchten braucht, weil der Herr uns hilfreich zur Seite steht. Diese Menschen leben ruhiger, weil sie wissen, dass ihnen von anderen keine Gefahr droht. Deshalb tun sie oft Dinge, die sie sonst aus Angst vor Repressalien nicht wagen würden. Selbst ich bin mutiger geworden, obwohl ich schon zwei Mal in kürzester Zeit wegen Verleumdung vor Gericht verklagt werden sollte. Dass meine Widersacher es jedes Mal doch nicht gewagt haben, ist ein Zeichen dafür, dass ich von Gott beschützt werde. Solche Personen schrecken sonst vor nichts zurück, weil sie der Meinung sind, dass sie keiner zu Fall bringen kann, weil sie in höheren Positionen tätig sind oder einen großen Einfluss auf andere haben. Aber genau darin liegt der Irrtum. Gott kennt alle ihre Sünden und weiß, wann der richtige Moment gekommen ist, um der Willkür ein Ende zu bereiten. Unehrlichkeit hat sich noch nie ausgezahlt, und die meisten Fälle werden sowieso aufgedeckt. Wer glaubt, ein Leben lang durch Betrügereien durchs Leben zu kommen, der wird eines Tages die Rechnung für die Arroganz und Ignoranz gegenüber anderen bekommen. Ich weiß ganz genau, dass das Gute siegen wird, weil Gott die Gesetzlosen und die Ungerechtigkeit hasst und deshalb auch mir zur Seite steht. Diese Zuversicht gibt mir jeden Tag die Kraft, durchzuhalten und nicht aufzugeben. Wenn wir Gottes Willen befolgen und nicht gegen ihn handeln wollen, müssen wir uns an den zehn Geboten im Alten Testament orientieren, denn sie sind eine Richtlinie für uns. Noch viel effektiver und besser ist es jedoch, wenn wir die Aufforderungen Jesu, die er uns in der Bergpredigt gegeben hat, in die Realität umsetzen. Er ruft die Menschen dazu auf, das eigentlich Unmögliche zu tun. Wir sollen unseren Feinden die Hand reichen und sie um Vergebung bitten. Ohne Gottes Hilfe ist dies in den meisten Fällen nicht möglich. Der Hass und der Schmerz sitzen bei vielen betroffenen Menschen zu tief. Negative Gefühle zerstören die Seele der Menschen, wenn sie längere Zeit anhalten. Gott weiß das und gibt uns deshalb die Anweisung, uns mit demjenigen, der uns unter Umständen viel Leid zugefügt hat, zu versöhnen. Der Grund dafür ist ganz einfach. Wenn sich zwei Menschen hassen, dann leidet immer nur der Geschädigte. Dieser geplagte Mensch kann dem anderen die furchtbaren Dinge, die er ihm angetan hat, nicht verzeihen. Aber es ist eine bewiesene Tatsache, dass nur die Opfer leiden. Die Missetäter denken oftmals gar nicht mehr an das Ereignis. Wenn wir unserem Feind nicht vergeben, dann zerfrisst uns der Hass ganz langsam von innen. Das ist das Werk Satans, er erinnert uns jeden Tag aufs Neue daran, dass wir hassen sollen. Wenn Mitmenschen in einer solchen Situation Gott um Hilfe bitten, dann werden sie merken, dass er ihnen die innere Ruhe und den Frieden gibt, den sie brauchen, um nicht zu zerbrechen. Im Idealfall kommt es zwischen den verfeindeten Parteien sogar zur Versöhnung, wenn der Verursacher des Unheils erkennt, wie groß das Leid ist, das er anderen zugefügt hat. Ich habe schon viele solcher Zeugnisse gesehen, und ich war jedes Mal einfach nur beeindruckt und fassungslos, wenn ich erkennen musste, was mit Gottes Hilfe für uns Menschen alles möglich ist. Eine Mutter vergab sogar dem Mörder ihrer Tochter kurz bevor er im Gefängnis an einer unheilbaren Krankheit starb. Dieser Mann konnte das Verhalten nicht verstehen und brach in sich zusammen. Aber letzten Endes fand er durch die Vergebung der Frau sogar zu Gott. Sie wusste, dass ihre Tochter bei Gott ist und dass dieser Mann durch das schlechte Leben, welches er geführt hatte, zu der Tat getrieben wurde.

Dieses Zeugnis hat mich sehr bewegt. Es zeigt, dass es möglich ist, jede Missetat zu vergeben. Zum Glück war ich noch nie in einer solchen Situation. Deshalb kann ich nicht beurteilen, ob ich diese Stärke auch besessen hätte. Die Missetäter, die jedoch trotz Hilfe nicht einsichtig sind und auch weiterhin die Gebote des Herrn missachten, leben gegen Gottes Willen ständig in Sünde. Allein die Tatsache, dass diese Personen ungerechtes Handeln für legitim halten, stört ihr Verhältnis zu Gott. Deshalb reagiert der Herr bei solch einem bewussten Fehlverhalten und schenkt diesen Menschen nicht das ewige Leben an seiner Seite. Wer nicht selbst erkennt, dass die Umkehr zu Gott das Wichtigste im Leben ist und wer ihn nicht um Vergebung für all die vielen begangenen Sünden bittet, der muss den ewigen Tod leider in Kauf nehmen. Viele werden sich heute noch keine Gedanken darüber machen und über diese Warnung schmunzeln, wenn nicht sogar lachen. Das Schockierende ist jedoch, dass diese Menschen aus Stolz ihre falsche Sichtweise nicht korrigieren wollen. In der Bibel steht, dass Gott jedem Menschen persönlich die Chance gibt, sich vom Sünder zum Erretteten verändern zu lassen. Er greift bewusst in unser Leben ein, so dass wir ihn auch hundertprozentig erkennen können. Wer aber trotzdem nicht auf ihn hört und deshalb am Ende nicht gerettet wird, akzeptiert bewusst diese Situation. Ich bin sowieso davon überzeugt, dass die meisten Personen durch die Vorbildwirkung anderer Menschen, die diese Metamorphose schon durchlaufen haben, zu Gott finden. Oder sie erleben ein Wunder bzw. erleiden ein persönliches Schicksal. Extreme Situationen führen oft auch zu extremen Entscheidungen. Gott allein weiß heute schon, ob deine Sehnsucht zu ihm eines Tages groß genug sein wird, damit du deine Hemmungen überwindest und den inneren Frieden findest, der dich zu einem ausgeglichenen und zufriedeneren Menschen macht.

Was ist Glauben und was bedeutet Bekehrung und Wiedergeburt?

Ich selbst habe ganze zwei Jahre gebraucht, um den Schritt zu gehen und Gott um die Vergebung meiner Sünden zu bitten. Davor befürchtete ich, Gott würde mein Übergabegebet nicht erhören und deshalb würde sich nichts für mich ändern. Diesen Zweifel hat Satan uns gegeben, weil er uns davon abhalten will, das Richtige zu tun. Heute weiß ich, dass ich völlig umsonst gezweifelt habe, weil Gott absolut jeden erhört, der es ehrlich meint. Wenn Christen davon sprechen, dass sie an Gott glauben, dann heißt das nicht, dass sie sich in dieser Sache nicht sicher sind. Aber im Volksmund wird das Wort „glauben" oft mit der Bedeutung der Unsicherheit verwendet. Der Sprecher benutzt es vor allem dann, wenn er nicht genau weiß, ob eine Tatsache oder ein Fakt wahr ist. In dem Fall ersetzen wir „glauben" durch „vermuten". Der Glaube an Gott ist für bekehrte Christen jedoch keine Vermutung, sondern die Realität. Dieses Wissen kann aber nur in uns selbst entstehen, hängt also von unserer persönlichen Einstellung ab. Wir können die Wahrheit erst durch die Umkehr oder das Zuwenden zu Jesus Christus erkennen. Eine andere Möglichkeit gibt es nicht. Das können ungläubige Menschen natürlich nicht verstehen. Für sie sind Fragen und Erklärungen zum Glauben an den Herrn unsinnig und unverständlich.

Bekehrte Christen erkennen und erfahren das Wesen und das Wirken Gottes dagegen täglich durch das Einwirken des Heiligen Geistes. Meistens erfolgt die Erkenntnis aber nicht sofort. Erst nach Tagen reflektiert man, wann und auf welche Weise Gott auf unser Handeln Einfluss genommen hat. Im Nachhinein begreifen viele dann sehr klar, dass sie manche Situation aus eigenem Antrieb heraus nicht bewältigen konnten. Für bekehrte Christen ist demzufolge der Glaube an Gott keine Vermutung sondern eine Gewissheit, weil sie durch den Heiligen Geist mit Gott in Verbindung stehen und von ihm oft wertvolle Hinweise und Hilfe bekommen. Dadurch spüren sie Gottes Einfluss ganz direkt. Der Glauben wird vor allem durch bedingungsloses Vertrauen zum Herrn gestärkt, vor allem dann, wenn wir Dinge tun, die uns aus menschlicher Sicht unvernünftig oder gefährlich erscheinen. Aber wenn wir in solchen Situationen Gott treu bleiben und seinen Willen tun, dann wird unser Glauben immer fester.

Bekehrung bedeutet nichts anderes, als dass wir uns von unserem bisherigen sündigen Leben ab- und zu Jesus hinwenden. Die Wiedergeburt des neuen Menschen folgt sofort nach der Umkehr. Diesen Prozess können wir jedoch selbst nicht beeinflussen, weil Jesus allein aus Gnade jeden reumütigen Menschen annimmt. Genau im Moment der Annahme kommt der Heilige Geist in die betreffenden Personen. Damit haben wir unser höchstes Ziel auf der Erde erreicht. Endlich werden wir von Gott wieder angenommen, weil wir wieder frei von Sünde sind. Durch die Bekehrung und die Wiedergeburt werden wir vom ewigen Tod errettet. Die Bekehrung muss von uns selbst kommen, d.h. wir müssen diesen Schritt selbst gehen. Aber die Wiedergeburt kann uns nur Gott allein schenken. Ohne die Wiedergeburt kann die Seele des Menschen nach dem irdischen Tod nicht zu Gott gelangen. Der Begriff ruft bei vielen eine Irritation im Denken hervor, weil er mit dem Wort Reinkarnation verwechselt wird. Dieses Wort wird jedoch in Religionen verwendet, die vom Menschen erfunden wurden. Sie hat nichts mit der Wiedergeburt durch Jesus Christus zu tun. Jeder Mensch kann also zwei Mal geboren werden. Unsere leibliche Mutter gibt uns durch die natürliche Geburt das Leben als Mensch auf der Erde. Genauso wie wir diesen Prozess nicht beeinflussen können, erhalten wir auch das Leben bei Gott ohne unseren Einfluss allein durch seine Gnade. In der Bibel wird die zweite Geburt, mit der wir das ewige Leben nach unserer Bekehrung erhalten, als Wiedergeburt bezeichnet. Kein einziger Mensch, der wiedergeboren wurde, vergisst diesen Tag, weil sich sein Leben danach radikal verändert. Gott schenkt uns sofort nach der Wiedergeburt schon hier auf der Erde ein neues, ewiges Leben. Das neue Wesen dieses frisch bekehrten Christen erkennen die Mitmenschen vor allem durch den freundlichen und zugänglichen Charakter, den sie vielleicht vorher nicht hatten, und die Taten, die diese nun mit Hilfe des Heiligen Geistes vollbringen. Sie sind vor allem am Anfang ihrer Wiedergeburt oft liebevoller zu ihren Mitmenschen, besitzen und verbreiten mehr Lebensfreude, haben Friede im Herzen und sind dadurch oft geduldiger. Solche Dinge wie Freundlichkeit, Güte, Treue und Sanftmut sollten für wiedergeborene Christen keine leeren Worte, sondern täglich gelebte Realität sein. Manche fallen nach einer gewissen Zeit leider auch wieder in ihre alten Verhaltensmuster zurück, aber zum Glück sind das nicht zu viele Christen. Wenn du auch solch ein bekehrter, zufriedener Mensch werden möchtest, dem der Heilige Geist hilfreich zur Seite steht, dann sprich jetzt folgendes Gebet aus ehrlichem Herzen: „Lieber Gott, ich bereue meine Sünden, die ich tagtäglich begehe und möchte ein neuer Mensch werden. Deshalb nehme ich das Opfer, das du mit dem Tod Jesu für uns Menschen gebracht hast, dankend an."

Wenn du diese Entscheidung aus ehrlichem Herzen getroffen hast, dann bist du jetzt wieder im Geist mit Gott verbunden. Du wirst schon bald merken, wie sich dein ganzes Leben verändert. Du bist jetzt ein Nachfolger Jesu. Als solcher sprichst du wahrscheinlich oft zu ungläubigen Menschen so, dass sie das Gefühl haben, deine Worte hätte dir Gott selbst eingegeben. So habe ich vor meiner Bekehrung damals auch immer empfunden, als bekehrte Christen zu mir sprachen. Mein erster Lehrer im Evangelium erklärte mir zum Beispiel zwei Jahre lang so viele Dinge, die ich später für meine Bekehrung brauchte. Er konnte alles anhand der Bibel so beschreiben, dass ich letztendlich nicht mehr an der Wahrheit des Evangeliums zweifelte. Ausnahmslos alle Aussagen stimmten mit der Realität überein. So etwas erlebt man sonst nie, es wird sich immer herausstellen, dass irgendeine These oder Behauptung doch nicht wahr ist. Die Botschaft des Evangeliums wird den Menschen nicht durch irgendwelche Engel verkündet, sondern durch Mitmenschen, die von Gott dazu berufen wurden. Bevor wir die frohe Botschaft weitertragen können, gibt er uns durch den Heiligen Geist das nötige Wissen, damit wir keine Irrlehren verbreiten. Uns wird also im Geist gezeigt, was wirklich wichtig ist. Von meiner Person ausgehend, kann ich das hundertprozentig bestätigen. Meine Erkenntnisse habe ich nicht durch jahrzehntelanges Studium erworben, so seltsam es vielleicht auch klingen mag. Aber der Heilige Geist hat mir von Anfang an gezeigt, welche Bücher ich lesen soll und welche gut und wichtig genug sind, um ihren Inhalt an andere weiterzugeben. Ich bin auch ein solcher Nachfolger Jesu, der Gottes Willen erfüllt und die Aufgabe übernommen hat, andere Menschen zu Jüngern zu machen und sie über die Bibel zu informieren. Bekehrte Christen, die ihre Berufung ernst nehmen, sind im Grunde genommen täglich darum bemüht, im Namen unseres Schöpfers die Mitmenschen dazu zu bringen, die Wahrheit zu erkennen und sich letztendlich zu bekehren. Wir verkünden und verbreiten das Evangelium an alle, die es hören wollen, aber auch an diejenigen, die sich heute noch nicht sicher sind. Es ist tatsächlich so, dass man oft das Gefühl hat, nicht der andere Gesprächspartner redet mit mir, sondern Gott persönlich. Wir hören nämlich durch die Stimme des anderen die Stimme Jesu. Mir geht es auch oft so, wenn ich mit Menschen diskutiere, die ganz stur gegen jeden Christen ins Feld ziehen. Ich argumentiere mit Worten und verteidige den Glauben mit Fakten, die mir im Nachhinein zwar sehr passend erscheinen, die aber doch nicht von mir, sondern vom Heiligen Geist kommen. Wir Christen dürfen also biblisches Wissen nach unserer Bekehrung mit dem Einverständnis Gottes weitergeben, jeder nach seinen persönlichen Mitteln, Fähigkeiten und Möglichkeiten. Ich habe vor meiner Bekehrung nie auf andere eingewirkt, damit sie gerettet werden können. Zwar habe ich schon immer an Gott geglaubt, konnte aber vorher nicht auf die Wichtigkeit der Bekehrung zu Jesus hinweisen. Der Grund dafür liegt darin, dass ich nicht wusste, wie man zum ewigen Leben bei Gott findet und vor allem, dass die Bekehrung so wahnsinnig wichtig für uns ist, damit unsere Seele nach dem irdischen Tod im Himmel sein kann. Mit anderen Worten, ich war von Christen umgeben, die auch nichts von der Bedeutung der Wiedergeburt wussten. Seitdem ich jedoch ein bekehrter Christ bin, liegt mir alles daran, so viele Mitmenschen wie möglich zu diesem Schritt zu bewegen, damit sie das Geschenk des ewigen Lebens schon hier auf der Erde erhalten können.

Warum will Gott nur Bekehrte bei sich haben, die gute Taten vollbringen?

Es gibt natürlich viele ungläubige Menschen, die auch gute Taten vollbringen. Sie handeln nach dem Gesetz, was man nicht verurteilen kann. Schließlich basiert ein funktionierendes Gemeinwesen immer auf Gesetzen. Aber diese Menschen bekommen allein durch einen tadellosen Lebenswandel nicht das rettende Heil von Gott geschenkt, sie müssen sich zu Lebzeiten zu Jesus Christus bekehren. Christen, die aus dem Glauben heraus handeln, vertrauen Gott blind, auch wenn sie noch nicht wissen, in welche Richtung sie sich bewegen werden. Ich selbst weiß oft nicht, wohin mich meine Bemühungen führen, wenn ich für menschliches Empfinden und Denken sinnlose, Nerven aufreibende Entscheidungen treffe. Manchmal bin ich im Nachhinein sogar sehr erstaunt über mein Handeln. Aber ich vertraue in allem Gott, und wenn etwas in seinem Sinn ist, dann gibt es immer ein positives Ergebnis. Niemals an den Taten zu zweifeln, die ich nach Gottes Anweisung ausübe, fällt mir ehrlich gesagt oft nicht leicht. Satan sät den Zweifel in uns. Er fragt uns ständig, wo denn nun die erhoffte und von Gott versprochene Hilfe bleibt, die wir so dringend brauchen, oder wann wir denn endlich das positive Ergebnis der Bemühungen erkennen können. Abraham ist diesbezüglich ein sehr großes Vorbild für mich, da er Gott absolut gehorsam war, obwohl auch er anfangs nicht wusste, wohin ihn sein Weg führen würde. Er war bereit, seine Heimat zu verlassen, wo es ihm wirtschaftlich sehr gut ging, nur weil Gott dies von ihm verlangte. Ob es in unserer heutigen Zeit noch viele Menschen gibt, die Gott so bedingungslos vertrauen? Wie ich mich persönlich in einer solchen Situation entscheiden würde, weiß ich nicht. Aber es gab viele Menschen, die Gottes Anweisungen hingebungsvoll befolgt haben. Heidi Baker ist zum Beispiel nur deshalb nach Mosambik gegangen, weil sie den Ruf Gottes verspürte. Mit ihrer Familie kam sie im Nichts an, wurde dafür jedoch über die Jahre mit Liebe, Hingabe der bekehrten Menschen und Erfolg reichlich belohnt. Sie und ihr Mann haben Abertausende Menschen zu Gott gezogen und viele Gemeinden in diesem Land aufgebaut. Heute geht es den Christen dort wirtschaftlich besser, weil sich ihre Lebensumstände verbessert haben. Sie besitzen außerdem eine positive Einstellung zum Leben, weil sie den Glauben an den Herrn gefunden haben.

Es gibt sehr viele Missionare, die ihre Aufgabe im Dienst für unseren Schöpfer auch in sehr armen Ländern gefunden haben. Ihnen gilt mein höchster Respekt. Aber jeder kann Gott auf seine Weise dienen, auch ohne dass er in ferne Länder zieht. Es fängt schon damit an, dass wir täglich Nächstenliebe zu unseren unmittelbaren Mitmenschen zeigen. Wenn wir nach unseren Möglichkeiten und Fähigkeiten im Glauben an den Herrn gute Werke tun, dann machen wir die Welt ein bisschen besser. Der Glaube an Gott muss durch gute Taten an hilfebedürftigen Menschen für alle zu erkennen sein. Deshalb ist ein Glaube ohne gute Werke ein toter Glaube. Aber nur durch gute Taten können wir eben auch keine Verbindung zu Gott bekommen. Der Glaube ist die Voraussetzung dafür, dass wir erkennen, dass die guten Taten, die wir aus dem Bemühen heraus begehen, Gott zu gefallen, keine Wirkung auf unser ewiges Leben nach dem irdischen Tod und damit die Errettung von der Verdammnis haben. Aber wir vollbringen die guten Taten, weil wir gar nicht anders können. Unser neues Wesen macht es uns unmöglich, abweisend, unfreundlich, gleichgültig und rücksichtslos zu sein. Christen, die anders empfinden, sind noch in dieser Welt gefangen und haben das Wesen Jesu bisher nicht erkannt. Sie sind noch nicht bekehrt und besitzen demzufolge keinen direkten Kontakt zu Gott. Es sind Menschen, die die Gebote der Bibel sehr gut kennen und proklamieren, die regelmäßig in die Kirche gehen, aber das Übergabegebet noch nicht gesprochen haben. Das ist auch der Grund dafür, dass ihr Verhalten oft nicht dem entspricht, was man von einem wiedergeborenen Christen erwarten würde. Viele Menschen bezeichnen sich als Christen, zeigen aber durch ihr Verhalten, dass sie weit davon entfernt sind, auch ihre Feinde zu lieben. Mir fällt das auch nicht leicht, aber ich würde niemals jemanden denunzieren oder wegen Verleumdung vor Gericht bringen. Und diejenigen, die solche Ambitionen mir gegenüber empfinden, bedaure ich zutiefst, dann sie haben das Wesen Jesu wirklich noch nicht erkannt.

Damit so viele Menschen wie möglich die Wahrheit erfahren und Gottes Vergebung bekommen können, verkünden die Christen in der ganzen Welt das Evangelium und bringen damit die Hoffnung zu den Menschen zurück. Es ist jedoch so, dass tatsächlich nur diejenigen am Ende errettet werden können, die der Bibel und damit dem Wort Jesu vertrauen. Gott bietet zwar allen Menschen die Errettung an, aber er vergibt nicht automatisch alle Sünden, wenn wir sie nicht von Herzen bereuen. Manch einer findet es ungerecht, dass nur diejenigen die Gnade Gottes erfahren und vom ewigen Tod befreit werden, die sich zu Jesus bekehren. Sie meinen, dass Gott doch jeden begnadigen müsste, wenn er uns so liebt. Der Schöpfer hat sich jedoch dafür entschieden, zwar jedem das rettende Heil und die Begnadigung anzubieten. Aber er will auch, dass wir selbst die Verantwortung für unser Handeln übernehmen. Jeder soll sich aus freiem Willen bewusst für diesen Schritt entscheiden. Über diesen Anspruch, den Gott an uns hat, kann sich keiner beschweren. Wir wollen doch alle selbstbestimmte Persönlichkeiten sein, die für ihr Handeln die eigene Verantwortung übernehmen. Also müssen wir das auch tun. Jeder Mensch, der die Vergebung Gottes erhalten und damit vom ewigen Tod erlöst werden möchte, wird erhört. Der Herr vergibt ihnen alle Verfehlungen, egal wie viele und wie schwerwiegend sie waren. Wer sich jedoch gegen Jesus entscheidet, tut dies im vollen Bewusstsein und aus eigenem Willen. Der Schöpfer nimmt uns nicht an, wenn wir für unsere begangenen Sünden nicht Buße tun. Deshalb werden nach dem irdischen Tod im Himmel nur diejenigen sein, die freiwillig zu ihm kommen wollten. Es wäre eine furchtbare Vorstellung, wenn auch diejenigen im Himmel wären, die eigentlich gar nicht mit Gott leben wollen, sich jedoch dazu verpflichtet fühlen. Da wir im vollen Bewusstsein unseres eigenen Willens die Entscheidung für Gott treffen sollen, entsteht unweigerlich die Frage, was mit all denjenigen passiert, die dazu gar nicht in der Lage sind. Es gibt leider Kinder, die durch Unfälle oder Krankheiten viel zu früh von uns gehen müssen. Aber auch Geisteskranke können ihre eigene Situation nicht beeinflussen, genauso wenig wie Kinder, die noch vor ihrer Geburt abgetrieben wurden. Da die Personen, die keine eigene Entscheidung für ihr Leben treffen können, an ihrem Schicksal nicht schuld sind, werden sie vom Schöpfer natürlich nicht verstoßen. Er ist nämlich ein gerechter Gott und verdammt demzufolge niemanden zu Unrecht. Jesus selbst sagte, dass den Kindern das Himmelreich gehört.

Ungerechtigkeit gibt es nur bei den Menschen. Einige Christen verurteilen zum Beispiel bis heute die Juden, weil sie Jesus von den Römern töten ließen. Dabei vergessen sie, dass der Sohn Gottes für uns alle sterben musste. Also waren die Menschen, die damals an diesem Mord beteiligt waren, zwar für ihr Handeln selbst verantwortlich. Aber im Endeffekt waren sie nicht die Verursacher des Todes, denn Jesus hätte sich auch gegen seine Hinrichtung entscheiden können. Er wusste jedoch, dass er die Aufgabe erfüllen musste, für die Sünden der gesamten Menschheit zu sterben. Mehrmals hat er dies seinen Jüngern vor der Kreuzigung mitgeteilt. Jesus kannte den Auftrag seines Vaters und deshalb wehrte er sich nicht gegen das Urteil, als er die Gelegenheit dazu hatte. Mit anderen Worten ist jeder einzelne von uns Schuld an diesem Tod. Wer als Christ anders denkt, verhält sich den Juden gegenüber ungerecht. Oder will sich jemand anmaßen, die Entscheidung Gottes anzuzweifeln? Wenn der Herr vor der Erschaffung der Welt beschlossen hat, dass wir nur durch das Blut- und Todesopfer Jesu errettet werden können, dann müssen wir das akzeptieren. Gott hat festgelegt, dass unsere Sünden ausschließlich durch das Vergießen von Blut, weil es unser Lebenssaft ist, und den Tod eines sündenfreien Wesens, das stellvertretend für uns stirbt, ausgelöscht werden können. Bevor Jesus lebte, wurden reine Tiere als Opfer dargeboten, aber damit konnten die Sünden der Menschen nur zeitweise getilgt werden. Wäre Jesus ein normaler Mensch gewesen, dann hätte er nicht sündenfrei sein und demzufolge auch nicht als Opfer angenommen werden können. Denn eine Seele, die mit Sünden belastet ist, kann von Gott nicht akzeptiert werden und im Himmel nicht existieren. Der Herr kann nur mit uns in Gemeinschaft leben, wenn unsere Seelen rein sind. Da Jesus jedoch vom Heiligen Geist empfangen wurde, konnte er sündenfrei sein. Es gibt keine andere Möglichkeit der Errettung. Wenn es so wäre, dann hätte unser liebender Vater seinem eigenen Sohn die Qualen erspart. Niemals hätte er zugelassen, dass Jesus so in den Dreck gezogen und bestialisch getötet wird, wenn es nicht nötig gewesen wäre. Jesus hat sein Blut freiwillig vergossen und ist für uns in den Tod gegangen, nachdem er sich ohne Widerworte stundenlang geißeln ließ. Wenn er nicht der Sohn Gottes gewesen wäre, dann hätte er das niemals über sich ergehen lassen. Außerdem hätten die meisten von uns damals genauso reagiert wie das jüdische Volk, weil sie glaubten, dass der Messias sie von der Knechtschaft der Römer befreien würde. Die gesamte Dimension der Errettung war ihnen gar nicht bewusst, obwohl Jesus immer wieder betonte, dass es nicht darum geht, den Körper zu heilen. Die Seele muss gerettet werden, wenn wir das ewige Leben nicht an einem düsteren Ort verbringen wollen, der so grausam ist, dass der menschliche Verstand sich das gar nicht vorstellen kann.

Für wen gibt es ein Leben nach dem Tod?

In der Bibel wird uns gesagt, dass uns alle Sünden vergeben werden, wenn wir ein Nachfolger Christi werden. Aber er ist doch schon vor ungefähr 2000 Jahren gestorben. Wie ist es dann möglich, dass der Messias vor so vielen Jahren für die Sünden starb, die wir erst heute begehen? Für Gott gibt es weder Zeit noch Raum, also wusste er schon vor der Erschaffung der Welt, was mit uns Menschen nach der Schöpfung geschehen würde. Er hätte uns alle nach dem irdischen Tod in die Hölle verdammen können, aber in seiner grenzenlosen Liebe und Güte hatte er von Anfang an einen Plan für unsere Rettung. Gott wusste bei der Erschaffung des Menschen, dass der Sündenfall kommen würde, weil er uns als Wesen mit einem freien Willen schuf. Er wusste bereits vorher, welche Folgen diese Entscheidung haben würde. Aber Gott hat uns bewusst so gemacht, weil er wollte, dass wir keine willenlosen Wesen sind, die nur seinem Plan folgen. In dem Falle wären wir keine vernunftbegabten Individuen, sondern simple Tiere. Gott wollte das aus uns machen, was wir nun mal sind, nämlich vernunftbegabte Wesen. Er kalkulierte sogar ein, dass wir die Gabe des Denkens zu unserem Nachteil einsetzen werden, indem wir Systeme entwickeln, die unsere Umwelt zerstören. Kein Tier würde das tun, nur wir Menschen, die wir uns für höher entwickelt halten. Gott müsste uns für unser Leben voller Sünde eigentlich für immer und ewig verstoßen. Etwas anderes haben wir gar nicht verdient. Aber der Herr liebt uns zu sehr und entwickelte deshalb einen Plan, durch den wir trotz all unserer Vergehen doch gerettet werden können. Zeit spielt dabei keine Rolle. Jesus hätte sowohl direkt nach dem Sündenfall als auch erst am Ende unserer Weltgeschichte sterben können. Wichtig ist nur, dass er das Opfer überhaupt gebracht hat. Wäre er am Beginn unserer Zeit gestorben, dann hätte Jesus den Preis für unsere Errettung schon im Voraus bezahlt, am Ende der Zeit wäre das Opfer rückwirkend. Die Menschen, welche vor der Zeit Jesu lebten, aber die Weisungen und Gebote des Herrn beachteten, wurden durch sein Opfer genauso gerettet wie diejenigen, die nach ihm geboren wurden und demzufolge bis zum heutigen Tag das Evangelium kennen lernen und das Opfer annehmen können. Da es in der Zeit, in der Abraham und Hiob lebten, noch nicht einmal die Gebote Gottes gab, mussten die Menschen gewissenhaft und im Vertrauen auf Gott handeln. Es reichte, wenn sie nach dem Willen des Herrn lebten.

Als David regierte, hatte Gott den Menschen die Gebote vom Sinai schon gegeben. Deshalb legte er neue Maßstäbe für die Menschen fest, nach denen sie handeln mussten, wenn sie für ihn als gerechte Menschen gelten wollten. Der Herr gab ihnen damals die Gelegenheit, ihre Sünden durch Tieropfer zu löschen. Dieses Opfer war jedoch zeitlich begrenzt, denn das Opfer, das für immer bei allen Menschen wirkt und durch das alle Sünden vergeben werden, konnte nur Jesus durch seinen Tod bringen. Deshalb wird er in der Bibel auch oft als das „Lamm Gottes" bezeichnet. Gott will es so und hat deshalb festgelegt, dass wir die endgültige Vergebung unserer Schuld nur durch Jesu Tod und sein Blutvergießen bekommen können. Blut als der Lebenssaft für alle Lebewesen musste unbedingt fließen, sowohl bei den Tieropfern als auch beim Tod des Messias. Da seine Ermordung bereits vor unserer Zeit erfolgte und damit das rettende Opfer schon erfüllt wurde, sind heute keine Tieropfer mehr nötig. Jesus ist für die Sünde der Menschen der ganzen Welt gestorben, also auch für diejenigen, die ihn nicht als ihren Erretter annehmen werden. Im ersten Moment scheint das unlogisch zu sein. Es hätte ja rein theoretisch auch gereicht, wenn er sich nur für diejenigen geopfert hätte, die ihre Sünden aufrichtig bereuen und Buße tun. Alle Menschen, die auf dieser Erde leben, empfangen wegen der von ihnen begangenen Sünden nach dem irdischen Tod das Gericht Gottes. Auch wenn wir schon in diesem sündigen Zustand geboren wurden und demzufolge in unserem Leben nicht sündenfrei sein können, müssen wir diese Tatsache akzeptieren. Wir können auch nicht Adam und Eva die Schuld für die zu erwartende Bestrafung oder Bewertung geben. Denn wenn wir ehrlich zu uns selbst sind, dann geben wir zu, dass wir im Moment der Versuchung durch die Schlange ganz genauso gehandelt hätten wie die ersten Menschen. Das liegt an unserem Wesen. Wir sind nun einmal keine willenlosen Tiere, sondern selbstbestimmte Individuen. Ein Leben ohne Sünde ist für uns Menschen gar nicht möglich, da man auch unbewusst manchmal Dinge tut, die nicht dem Willen Gottes entsprechen. Jesus lebte jedoch völlig ohne Sünde, weil er der Sohn Gottes war und demzufolge jederzeit wusste, was recht und unrecht ist. Diese Fähigkeit fehlt den Menschen. Und dieses Wissen ist wohl der Grund dafür, dass Jesus jeden einzelnen Mensch so sehr liebt, dass er auch für nur einen einzigen Sünder gestorben wäre, der zu Gott zurückkehrt und seine Sünden aufrichtig bereut. Durch seinen Opfertod können sogar alle Menschen dieser Erde gerettet werden, weil es für Gott keine Unterschiede gibt. Vor ihm sind wir alle gleich und so kann absolut jeder, der es von sich aus will, die Vergebung des Schöpfers annehmen. Manche halten dies für ungerecht, weil sogar Mörder und Verbrecher diese Gnade nach ihrer Bekehrung bekommen können. Aber wir sollten auch bedenken, dass wir alle den Tod verdient haben. Wenn wir gerettet werden, mit welchem Recht wollen wir Gott dann vorschreiben, wen er verschonen soll und wen nicht? Gewaltverbrecher werden aber wahrscheinlich eher nicht Gottes Vergebung suchen und annehmen. Diese Menschen sind meistens schon so sehr von Satans Geist besessen, dass ihr Gewissen gar keine Funktion mehr hat und ausgeschaltet ist. Sie sind zu bedauern, aber für ihr Heil sind sie letzten Endes selbst verantwortlich.

Viele Menschen glauben, dass ihre Seelen nach dem irdischen Tod auf der Erde auch nicht mehr existieren, weil sie ohne einen Körper lebensunfähig seien. Aber unsere Seele existiert ewig und kann demzufolge auch in der Hölle weiterleben, wenn wir uns zu Lebzeiten nicht zu Jesus bekehren. Manche hoffen auch, dass es noch andere Möglichkeiten der Rettung ihrer Seele vor dem ewigen Tod geben wird. Diese Menschen denken, dass die Gnade Gottes groß genug sein wird, um letzten Endes alle zu retten. Mich bewegt dieses Thema natürlich auch sehr, weil ich wirklich Angst vor allem um diejenigen habe, die mir persönlich nahestehen. Anderen ging und geht es genauso und deshalb sind in den letzten Jahrhunderten die verschiedensten Vereinigungen entstanden, die zu diesem Thema ganz spezielle Theorien entwickelt haben. So ist die katholische Religion der Meinung, dass die Seelen der Toten, die noch gerettet werden müssen, nach dem Tod erst einmal ins Fegefeuer kommen, bevor sie letzten Endes in den Himmel gelangen können. Zu dieser Behauptung steht absolut nichts in der Bibel, also ist sie nicht wahr. Die Mormonen denken, es gäbe die Möglichkeit, dass sich die noch lebenden Gemeindemitglieder stellvertretend für bereits Verstorbene taufen lassen, damit diese Toten auch gerettet werden können. Da die Bibel das absolut wahre Wort Gottes ist und diese Möglichkeit der Errettung dort nicht erwähnt wird, ist dies eine Lüge. Interessant sind auch die Ansichten der Zeugen Jehovas, dass es für die Menschen weder einen Himmel noch eine Hölle gibt und nur die eigenen Anhänger eine neue Erde bekommen. Die Seelen der anderen Verstorbenen bleiben im Grab und Tote können durch ein Opfer freigekauft werden. Das sind nun auch alles Ideen, die in der Bibel nicht bestätigt werden. Es gibt noch einige andere Vereinigungen, die den Menschen Hoffnung geben wollen. Bei all den kuriosen Geschichten, die wir von anderen hören, müssen wir uns jedoch fragen, ob sie wahr sind. Eine Antwort bekommen wir nur in der Bibel. Das Wort Gottes sagt uns, ob es sich nur um Irrlehren handelt.

In der Bibel steht zum Thema Errettung der Seele eindeutig geschrieben, dass nach unserem Tod Gott über das Leben, das wir geführt haben, Gericht hält. Und das betrifft sowohl diejenigen, die das Evangelium kennen als auch diejenigen, die nie in ihrem Leben davon gehört haben. Jeder muss vor den Richterstuhl Gottes treten und sein gerechtes Urteil empfangen. Dabei ist es vollkommen egal, ob dieser Mensch zu Lebzeiten ein Gläubiger oder ein Ungläubiger war. Gott weiß natürlich, dass nicht jeder die gleichen Voraussetzungen und Kenntnisse besitzt. Der Herr urteilt niemals willkürlich, sonst würde er ja manche Menschen bevorzugen und andere wiederum benachteiligen. Das wichtigste Kriterium dafür, wie wir am Ende beurteilt werden, ist Gottes Gerechtigkeit. Er würde nie jemanden zu Unrecht verdammen oder verstoßen, davon können wir getrost ausgehen. Trotzdem muss uns der Herr unterschiedlich beurteilen, weil jeder Mensch einmalig ist. Gott hat uns verschiedene Fähigkeiten, Gaben oder ein besonderes Wissen gegeben, die unser Wesen bestimmen. Menschen, die in der westlichen Zivilisation und in fortschrittlichen Industriestaaten leben, haben große Vorteile, weil sie natürlich alle mindestens einmal im Leben von der Bibel gehört haben. Es gibt jedoch auch Menschen, die nichts vom Evangelium wissen können. Da sie das Wesen Gottes nicht durch die Heilige Schrift erkennen können, ist ihnen dies nur durch die Erkenntnis der Schöpfung aller Dinge im Universum und durch das eigene Gewissen, das jeder bei seiner Geburt von Gott bekommen hat, möglich. Wohlhabende Menschen verfügen über ganz andere Mittel und Möglichkeiten, um Gutes zu tun und das Evangelium zu verbreiten. Und Menschen, die in einer Diktatur leben müssen, haben es natürlich viel schwerer als diejenigen, die in einem freien Land aufwachsen. Das ist vielleicht auch der Grund dafür, dass ich eine besonders große Verantwortung verspüre. Ich bin in keinster Weise eingeschränkt und wurde mit einigen Fähigkeiten gesegnet. Deshalb versuche ich, anderen zu helfen, die selbst nicht dazu in der Lage sind. Gott erkennt uns an diesen Werken, weil er natürlich alle unsere Handlungen sieht. Dabei ist es schon wichtig, aus welchen Motiven heraus wir handeln. Wenn wir anderen nur hilfreich zur Seite stehen, weil wir dafür gelobt werden möchten, wird Gott das weniger gefallen, als wenn wir aus reiner Nächstenlieben handeln. Für unsere Beurteilung zählen jedoch auch die Taten, die wir unterlassen haben. Wie oft ist es schon passiert, dass du jemandem Hilfe verwehrt hast, weil du gerade keine Zeit oder keine Lust hattest? Für uns sind diese kleinen Episoden vielleicht nicht wichtig, aber im Extremfall hätte man möglicherweise sogar Leben retten können. Für Menschen mit einem ungefestigten Charakter ist es besonders schwer, der Verführung Satans zu widerstehen. Sie brauchen ganz besonders unsere Hilfe.

Wie groß muss die Liebe des Schöpfers zu uns sein, wenn er seinen Sohn für uns opfert, ohne etwas als Gegenleistung zu verlangen? Es ist zwar so, dass durch die Sünde die Verdammnis über alle Menschen gekommen ist und wir uns aus eigener Kraft nicht aus dieser Situation befreien können. Aber Gott hat uns trotzdem einen Ausweg aus dieser für uns aussichtslosen Lage gegeben, und das ist die Bekehrung zu Jesus. Das Leben nach dieser radikalen Umkehr ist zwar schon auf der Erde sehr interessant, aber besonders wichtig wird diese Entscheidung für die Zeit nach unserem irdischen Leben sein. Nach unserem Tod bewertet Gott alle einzelnen Aspekte des Lebens für jeden Menschen individuell im Gericht. Danach fällt er für alle ein persönliches Urteil. Entweder gehören wir dann zu der Gruppe der Erlösten, die in sein Himmelreich kommen dürfen. Oder wir sind ein Teil der großen Masse von Menschen, die sein Angebot zu Lebzeiten nicht angenommen haben. Diese Leute müssen dann leider als Konsequenz für ihr Fehlverhalten die Verdammnis in der Hölle akzeptieren. Einen goldenen Mittelweg für diejenigen, die sich nicht entscheiden können, gibt es leider nicht. Ein neutraler Ort zwischen Himmel und Hölle, wo sie sich aufhalten könnten, existiert nicht. Beim Herrn werden am Ende nur die Erretteten sein. Die Verlorenen haben sich bewusst und aus freiem Willen gegen Gott entschieden und die Botschaft Jesu ignoriert. Der Grund für diese Entscheidung wird am Ende keine Rolle mehr spielen. Nach dem irdischen Tod gibt es für diese Menschen keine Rettung mehr. Auch sie hatten die Chance, sich schon zu Lebzeiten für Jesus zu entscheiden. Gerettet werden wir nur deshalb, weil wir Gottes Vergebung allein dafür bekommen, dass wir sein Opfer, das er für uns gegeben hat, dankbar annehmen. Gott allein schenkt uns das ewige Leben, keine andere Religion und kein anderes Anbetungswesen können unsere Seelen vor der Verdammnis retten. Die Menschen, die niemals vom Evangelium gehört, jedoch Gott anerkannt haben, werden auch errettet. Aber das spielt für uns keine Rolle, denn wir kennen das Evangelium und wissen, wie wir handeln müssen. Im Grunde genommen können wir täglich die Möglichkeit nutzen, mit einem kurzen Gebet die Vergebung Gottes zu bekommen, indem wir aufrichtig bekennen, dass wir von Herzen unsere begangenen Sünden bereuen und das Opfer annehmen, das Gott durch seinen Sohn Jesus Christus gegeben hat.

Ungläubige verlangen immer einen Beweis für die Existenz Gottes, Satans oder vielleicht sogar der Hölle, damit sie einen Grund für den Glauben an Gott haben können. Diesen Beweis können wir Menschen jedoch nicht geben, weil wir in der Wissenschaft mit den bis jetzt erworbenen Erkenntnissen nur darstellen können, was in der materiellen Welt gemessen werden kann. Die Grundlage für Beweise sind aber messbare Daten, an die sich die Wissenschaftler halten müssen. Über das Leben nach dem irdischen Tod können sie jedoch nur Vermutungen äußern, weil sie von dieser Gesetzmäßigkeit abweichen müssen. Und genau das ist der Grund dafür, warum die Wissenschaften nicht dafür geeignet sind, um sowohl die Entstehung der Welt als auch das Leben nach dem Tod zu erklären. Wenn ich etwas darüber erfahren möchte, was mit den Menschen nach dem irdischen Tod passiert, dann muss ich einen Blick in die Bibel werfen. Nur dort erhalte ich Informationen zu diesem Thema. Die Frage ist halt nur, ob ich diese Aussagen glaube oder nicht. Das Opfer, das Gott uns mit dem Tod seines Sohnes gegeben hat, würde absolut keinen Sinn machen, wenn alle Menschen nach dem Leben auf der Erde automatisch in den Himmel zu Gott kommen würden. Aber so erkennen wir, dass es die Hölle wirklich geben muss. Ansonsten hätte sich Jesus umsonst freiwillig geopfert. Ohne dieses Geschenk Gottes an uns könnte kein einziger Mensch vor der Hölle bewahrt werden. Weil dieses Thema so wahnsinnig wichtig ist, hat auch Jesus ständig darauf hingewiesen und uns vor der ewigen Existenz in der Hölle gewarnt. Er sagte sogar, dass es für den Menschen besser wäre, als Krüppel in den Himmel zu kommen, als ganz verloren zu gehen. Aber es liegt wie gesagt ans uns selbst, ob wir dem glauben, was in der Bibel steht, oder nicht.

Wer wird errettet und was muss er dafür tun?

In der Bibel wird gesagt, dass Gott sich die Menschen selbst auswählt, die von ihm gerettet werden. Das finden wieder einige ungerecht, aber Gott hat diese Welt erschaffen, dann kann er auch festlegen, was mit ihr geschieht. Außerdem hat doch jeder die Möglichkeit, selbst zu erkennen, ob er einer dieser Erretteten ist. Wir Menschen irren uns aber, wenn wir glauben, dass wir durch unseren freien Willen darüber entscheiden könnten, ob wir letzten Endes errettet werden oder nicht. Wir haben keinen Anspruch auf das ewige Leben, nur weil wir uns zu Jesus bekehrt haben. Nein, wir sind auf Gottes Erbarmen angewiesen. Die Menschen können sich zwar frei für Gott entscheiden, aber er selbst erwählt diejenigen, die er bei sich im Himmelreich haben möchte. Gott kann demzufolge auch Menschen ablehnen, die einen von Grund auf bösen Charakter haben oder die es in seinen Augen nicht wert sind, gerettet zu werden, weil sie zu Lebzeiten Verbrecher oder Tyrannen waren, die andere Menschen unterdrückten. Beispiele der Ablehnung gibt es sicher genug. Der Schöpfer allein spricht das Urteil über seine Geschöpfe und kann demzufolge die bösartigen Individuen auch verstoßen. Gott erwählte uns schon, als wir noch gar nicht existierten, sogar noch vor der Erschaffung der Welt. Da du dir dieses Buch durchliest, gehe ich davon aus, dass du einer der Auserwählten sein kannst. Ansonsten hätte dich Gott schon daran gehindert, dass du dir auf diesem Weg Informationen beschaffst. Was du nun aus deinem Schicksal machst, das bleibt aber allein dir überlassen. Gott erwählt die Menschen für ganz bestimmte Dienste und stattet uns deshalb mit den dafür notwendigen Fähigkeiten aus. Dies ist ganz einfach notwendig, weil sonst zu viele Menschen einer Arbeit nachgehen würden, die sie weder gern noch gut machen. In jedem Lebensbereich werden Menschen mit den dafür notwendigen Begabungen gebraucht. Wenn mehr Leute gut singen und damit viel Geld verdienen könnten, dann würde das den meisten von ihnen vielleicht sogar viel Spaß und Freude bereiten. Aber ein gesellschaftliches Zusammenleben wäre dann nicht mehr möglich. Nachfolger Jesu wissen, dass Gott für uns handelt und auf uns durch alle möglichen Begebenheiten zukommt, wenn er uns erwählt hat. Er wartet nicht darauf, dass wir von uns aus einen Weg zu ihm finden, weil das gar nicht geht.

Der Schöpfer wusste von Anfang an, dass nur er uns erretten kann. Dies ist der grundlegende Unterschied zwischen den Religionen und dem Evangelium. Und deshalb wird ein bekehrter Christ sich niemals als Anhänger einer Religion betrachten, sondern als ein Verkünder der Frohen Botschaft Gottes und als ein Nachfolger Christi. Nur durch den Glauben an Jesus Christus können wir den Weg zum ewigen Leben finden. Das klingt für Andersgläubige zwar sehr anmaßend und bedeutet für sie sicher eine Herabsetzung ihres Glaubens, aber diese Gewissheit bekommen wir Christen aus der Heiligen Schrift. Wir wissen, dass dies die einzige Wahrheit ist, weil die Bibel das Wort Gottes ist und deshalb ewig gilt. Das Interessante ist jedoch, dass die Mehrheit der Menschen nicht zwischen den Religionen und der Verkündigung des Evangeliums unterscheiden. Für sie ist die Verbreitung der Frohen Botschaft identisch mit der christlichen Religion. Aber auch das Christentum rettet nicht vor der Verdammnis, wenn es nur als Religion an die Menschen weitergegeben wird. Ich habe das jahrelang am eigenen Leib erfahren, weil in allen Gottesdiensten der evangelisch lutherischen Landeskirchen, in denen ich vor meiner Bekehrung gewesen bin, nicht ein Wort von der Notwendigkeit der Bekehrung gefallen ist. Nicht ein einziges Mal hat der Pastor darauf hingewiesen, worauf es wirklich ankommt und welche die wichtigste Entscheidung unseres Lebens ist. Ich vermute, es ist ein unpopuläres Thema, das lieber vermieden werden soll, damit nicht noch mehr Schäfchen die Herde verlassen. Aus Angst vor der Wahrheit reden die Pastoren in ihren Predigten lieber vom allgemeinen Elend in der Welt. Ich behaupte nicht, dass dies unwichtig ist. Wer jedoch nicht zu Lebzeiten errettet wird, dessen Seele ist für immer verloren. Das muss den Pastoren doch bewusst sein, es sei denn, sie sind selbst keine bekehrten Christen und glauben nicht an das Wort Gottes. Dann wissen sie natürlich auch nicht, worin ihre Aufgabe besteht. Als Diener der christlichen Kirche haben sie die Pflicht, dabei zu helfen, so viele Seelen wie möglich zu retten.

Da es nur einen Schöpfer gibt, von dessen Taten und Wesen in der Bibel so ausführlich berichtet wird, kann auch nur er uns sagen, wie wir vor der ewigen Verdammnis gerettet werden können. Wenn es noch eine andere Möglichkeit geben würde, hätte Gott sie in der Heiligen Schrift erwähnt. In dem Falle würde der Opfertod Jesu jedoch keinen Sinn ergeben und wäre nicht nötig gewesen. In allen Religionen sucht der Mensch selbst einen Weg, um von der Verdammnis erlöst zu werden. Aber im Evangelium hat diese Aufgabe unser Schöpfer selbst für uns übernommen und erfüllt, indem er seinen Sohn für unser Heil opferte. Das Gute ist, dass wir nichts weiter zu tun brauchen, als dieses Geschenk im Glauben an den Herrn anzunehmen. Einen anderen Weg gibt es definitiv nicht, um mit Gott wieder in Verbindung zu treten. Das Evangelium ist keine Religion, die von Menschen erfunden wurde, sondern es kommt von Gott selbst. Die Anhänger der Religionen versuchen dagegen, von sich aus einen Weg zu Gott zu finden. Fakt ist, dass es nicht einen einzigen dieser Gläubigen gibt, der tatsächlich eine persönliche Beziehung zu Gott gefunden hat. Zumindest hat noch nie jemand von ihnen davon berichtet, weil sie dieses Gefühl auch nicht beschreiben könnten. Nur bekehrte Christen kennen und fühlen den Kontakt zu Gott, weil sie im Geist wieder mit ihm verbunden sind. Sie erkennen den Heiligen Geist vor allem dadurch, dass sie ständig Frieden im Herzen haben. Weltliche Lasten, wie Ängste, Zweifel und Süchte, die das Leben zum Teil unmöglich machten, verschwinden. Für manche ist dieser Frieden vielleicht nicht wichtig, weil sie Abenteuer erleben wollen, und Angst gehört dann eben dazu. Aber die Zahl derjenigen, die auf all den negativen Stress gern verzichten, nimmt von Tag zu Tag zu, weil das Leben anstrengender wird. Weil wir Christen die Liebe Gottes ganz persönlich spüren und dies als total positiv empfinden, wollen wir diese Liebe an die anderen weitergeben. Und wir wissen und erkennen durch diese Gefühle und Empfindungen ganz sicher, dass wir das ewige Leben hier schon auf der Erde geschenkt bekommen haben.

So fühlt sich der Heilige Geist an, wenn er in uns wirkt. Es ist eine ewige Freude und Zuversicht in bekehrten Christen, weil Gott uns unsere Schuld vergeben hat. Durch die Bekehrung zu Jesus können wir nun endlich diese Sehnsucht nach Gott stillen und die Trennung zwischen uns und dem Schöpfer überwinden. Für Ungläubige klingt das wahrscheinlich nur wie eine Idee, Theorie oder ein sinnloser Satz. Die vielen Millionen von Menschen, die tatsächlich den Weg zur Abkehr von ihrem bisherigen sündigen Leben gegangen sind, werden jedoch bestätigen, dass diese Worte kein leeres Geschwätz, sondern die Wahrheit sind. Immer wieder hört man von ehemals Drogensüchtigen, die durch das Wirken des Heiligen Geistes von einem Moment auf den anderen auch ohne Therapie geheilt waren, weil sie körperlich nicht mehr abhängig waren. Und durch den Frieden und die tiefe Liebe, die sie in sich spürten, brauchten sie gar keinen Ersatz für ihr trostloses Leben mehr. Dieser innere Frieden ist wohl das größte Geschenk, das wir in dieser ungeordneten Zeit, in der Moral und Ehre kaum noch eine Rolle spielen, bekommen können. Die Sehnsucht nach einem Leben ohne Moralverfall, Drogen, Prostitution, ständigen Leistungsdruck und dem Streben nach Macht bringt viele zum Glück letzten Endes doch dazu, sich von ihrem alten, sündhaften Leben zu verabschieden und Rettung beim Schöpfer zu suchen. Andere werden durch ein Wunder von einer unheilbaren Krankheit befreit und erkennen dadurch, dass Gott ihnen den richtigen Weg gezeigt hat. Wie man zum Herrn zurückfindet, ist jedoch total unwichtig. Entscheidend ist doch nur, dass wir die Wahrheit erkennen.

Wer die Bibel aufmerksam liest und studiert, wird an mehreren Stellen Aussagen finden, in denen Gott die Anbetung anderer Götter verurteilt und als Götzendienst bezeichnet. Der Herr lehnt demzufolge jede Religion strikt ab. Es gibt große Unterschiede im Verständnis der Religionen, die von denen des Evangeliums abweichen, zum Beispiel über das ewige Leben der menschlichen Seele. In der Heiligen Schrift zeigt der Schöpfer uns Menschen, dass es ein ewiges Leben nach dem irdischen Tod gibt, weil er Jesus Christus drei Tage nach seinem Tod wieder zum Leben erweckt hat. Die Vertreter anderer Religionen und Atheisten haben immer behauptet, dass diese Auferstehung nicht möglich gewesen sein kann. Einige nichtchristliche Geschichtsschreiber wie zum Beispiel Josephus Flavius bestätigen jedoch in ihren Werken, dass sich Jesus noch mehrere Wochen nach seinem Tod am Kreuz sowohl seinen Jüngern als auch mehreren Tausend einfacher Mitmenschen gezeigt hat, bevor er nach vierzig Tagen dann vor den Augen seiner Jünger in den Himmel emporgehoben wurde. Außerdem war es ja kontraproduktiv für jüdische Gläubige zu bestätigen, dass das Grab Jesu nach drei Tagen leer war. Hätten sie diese Aussage einfach dementiert, dann hätte sich diese Information gar nicht in die Welt verbreiten können. Es wäre für uns natürlich um vieles leichter, wenn wir alle Jesus, der bis zum heutigen Tag unter den Lebenden weilt, selbst sehen könnten. Manchen hat er sich auch schon gezeigt, aber diese Gnade wird leider nicht jedem zuteil. Das beste Beispiel für Heilung ist Saulus, der sich vom

Christenmörder zum Verkünder des Evangeliums gewandelt hatte, nachdem ihm Jesus erschienen war. In der letzten Zeit geschieht dies wieder öfter. Jesus zeigt sich sogar Anhängern des IS und Kindern von berühmten islamischen Religionsführern, die dann zum Christentum konvertieren. Sie tun dies, obwohl sie wissen, dass sie ab diesem Moment aus ihrem Familienverband ausgeschlossen werden und ein Leben in Angst führen werden. Doch wer die Wahrheit einmal erkannt hat, wird dieses Risiko eingehen und froh über das neue Leben sein. Es steht übrigens in der Bibel geschrieben, dass Gott sich in der Endzeit auch den Muslimen in Träumen und Bildern zeigen wird, genauso wie einigen Juden und all den anderen Andersgläubigen. Die meisten Menschen bekommen jedoch leider nicht die Chance, dass sie Jesus schon zu Lebzeiten auf der Erde selbst zu sehen bekommen. Seine Jünger hatten es auch leichter, weil sie Jesus persönlich kennenlernen durften. Umso mehr liebt uns Gott, wenn wir nur durch den Glauben den Weg zu ihm finden. Durch Wunder könnte man jeden dazu bringen, Gottes Existenz zu akzeptieren, aber genau das möchte der Schöpfer nun mal nicht. Für ihn sind Freiwillige wichtiger als Menschen, die aus einem Zwang heraus oder vielleicht sogar aus Angst handeln. Im Gegensatz zu Jesus, der ewig lebt und als Erster auferstanden ist, sind alle anderen Religionsbegründer gestorben und bis heute tot. Durch die Überwindung des Todes zeigt uns Jesus, dass wir auch ewig leben sollen.

Warum kann es keine Ökumene der Religionen geben?

In den Religionen und im Atheismus wird ein Menschen- und Gottesbild entwickelt, in dem davon ausgegangen wird, dass nur der Mensch für alle Entwicklungen in dieser Welt verantwortlich ist. Oder es wird behauptet, dass es viele andere Götter gibt, die einen Einfluss auf unser Leben haben. Aus der Bibel erfahren wir jedoch, wer wir wirklich sind und dass Gott allein unser Schöpfer ist. In den Religionen ist das angebetete Wesen unerreichbar für die Menschen. Nur im Evangelium kommt Gott auf uns zu, indem er Jesus zu uns schickt, damit er die Menschheit retten kann. Jesus lebte auch als Mensch auf der Erde. Er stellte sich damit auf eine Stufe mit uns und ist nicht mehr der unerreichbare, despotische Herrscher über Himmel und Erde. Vor Gottes Sohn, der zu uns sündigen Menschen kommt, braucht sich niemand zu fürchten. Durch diese Tat zeigt Gott uns, wie tief er uns tatsächlich liebt. Im Gegensatz dazu ist Allah der unnahbare Gott, der keine Nähe zu den Menschen haben will und Distanz zu ihnen verlangt.

Deshalb fürchten sich die meisten Muslime vor seiner Rache, wenn sie nicht nach seinem Willen und seinen Regeln leben. Sie wissen außerdem nie, ob sie seinen Ansprüchen genügen. Der Gott der Juden und Christen ist dagegen wie ein liebender Vater. Die Bestrebungen für die Schaffung einer Ökumene zwischen den Religionen basieren unter anderem auf dem Irrtum, dass die Anhänger der monotheistischen Religionen wie Islam, Christentum und Judentum alle zu ein und demselben Gott beten würden. Ich selbst dachte dies eine lange Zeit, als ich noch auf der Suche nach der Wahrheit war und nachdem ich ein Buch von Karl Josef Kuschel mit dem Titel „Streit um Abraham: Was Juden, Christen und Muslime trennt- und was sie eint" gelesen hatte. Der Autor vermittelte den Lesenden die Meinung, dass wir alle von Abraham abstammen, weil sein erstgeborener Sohn Ismail der Begründer des Volkes war, aus welchem viele Jahrhunderte später die Anhänger des Islam hervorgingen. Alle anderen stammen dagegen von seinem Sohn Isaak ab. Mit anderen Worten, wenn wir alle Nachfolger von Abraham sind, dann müssen wir ja auch den gleichen Gott anbeten. Ismael ist zwar Abrahams Sohn und der Begründer eines großen Volkes. Aber dass wir den gleichen Gott anbeten, ist trotzdem ein riesengroßer Irrtum. Allah ist nicht der Vater von Jesus, sondern er hat keinen Sohn. Der Islam bezeichnet diese Tatsache als Blasphemie, worauf in vielen islamischen Ländern sogar die Todesstrafe steht. Demzufolge ist es im Rückschluss tatsächlich eine Gotteslästerung, wenn wir Allah und Gott als den gleichen Gott bezeichnen. Der Herr sagt schon im Alten Testament, dass er der einzige Gott ist und es außer ihm keine anderen Götter gibt. Er ist der Schöpfer der Welt, der lebendige Gott Abrahams, Isaaks und Jakobs und der Vater Jesu Christi. Der Schöpfer und Allah sind völlig unterschiedlich.

Im Islam gibt es keine Beziehung zwischen Allah und den Menschen, weil dieses Gotteswesen nicht will, dass sie ihn erkennen. Er ist für uns Kreaturen auf der Erde unerreichbar, und niemand kann ein persönliches Verhältnis zu ihm haben. Allah herrscht über die Menschheit von weit oben. Schon diese Tatsache erzeugt bei mir keine Ehrfurcht, sondern Angst vor solch einem Herrscher. Ich wüsste nie, ob er mit mir und meinem Handeln zufrieden ist, ob er mich annimmt oder verstößt, ob ich letzten Endes jemals seinen Ansprüchen genügen könnte. So fühlen sicher auch viele Muslime. Sie leben ständig in Angst und haben deshalb ein ruheloses Wesen. Ein Grund dafür ist auch, dass die strengen Sittenwächter immer darauf achten, dass die im Koran und den anderen islamischen Schriften aufgestellten Regeln nicht gebrochen werden. In manchen Ländern wird die Todesstrafe für Dinge verhängt, an die in Ländern mit vorwiegend christlicher Prägung kein Mensch einen Gedanken verschwenden würde. Gotteslästerung ist in Deutschland an der Tagesordnung. Deshalb sind die streng gläubigen Anhänger des Islam ja auch so wütend, weil wir ihren Gott nicht so würdigen, wie sie es gern möchten. Wenn Gott uns wegen Lästerung seiner Person verurteilen würde, dann würden wahrscheinlich tatsächlich nur sehr wenige Menschen nach ihrem irdischen Tod ins Himmelreich gelangen. Wie oft wird sein Name in Redewendungen verwendet, ohne dass vorher darüber nachgedacht worden wäre, ob dies angemessen ist? Wendungen wie „Mein Gott", „Gott sei Dank", „In Gottes Namen" „Um Gottes Willen" werden so oft auch von Ungläubigen verwendet, dass sie schon Eingang in die Umgangssprache gefunden haben, obwohl sie für diese Leute gar keine echte Bedeutung besitzen. Muslime können sich absolut nicht vorstellen, dass Gott einen Sohn hat. Allah ist von unserer Welt strikt getrennt, und deshalb ist diese Tatsache nicht nur unbegreiflich für sie, sondern eine sehr schwerwiegende Beleidigung. Für Christen ist die Mitteilung, dass Gott Jesus als Mensch auf die Erde geschickt hat, allerdings die wichtigste, zentrale Aussage der Bibel und die Grundlage für ihren Glauben. Wenn Jesus als Mensch nicht unter den Menschen gelebt hätte und für uns am Kreuz gestorben wäre, dann hätte es für niemanden die Möglichkeit gegeben, von der ewigen Verdammnis erlöst zu werden. Muslime und alle anderen können und wollen dies nicht verstehen. Sie akzeptieren Jesus nicht als das erlösende Opfer Gottes, sondern sehen ihn höchstens als Propheten.

Allah verteilt seine Barmherzigkeit willkürlich. Er bestimmt selbst, zu wem er barmherzig ist, wen er liebt und wen er verstößt. Woher soll der Mensch aber wissen, ob er seine Barmherzigkeit verdient hat? Das ist wahrscheinlich die Frage, die sich die meisten Muslime jeden Tag stellen. Sie können sich dessen nie sicher sein, so wie sie auch nie eine Antwort oder Hilfe von Allah auf ihre Bitten erhalten werden. Ich kenne keinen einzigen Moslem, der jemals ehrlich zugegeben hat, dass er von seinem Gott wirklich praktische Unterstützung in einer Notsituation bekommen hätte. Aber viele Christen haben das schon erlebt. Für sie ist Gott die einzig wahre Zuversicht und Hoffnung. Er gibt uns Geborgenheit und Frieden und verspricht uns, dass wir das Heil bekommen werden. Diese Zusagen gibt Allah seinen Anhängern nie. Jesus, der Sohn Gottes, wurde sogar so sehr erniedrigt, dass er in einem Stall zur Welt kam und den furchtbaren Tod am Kreuz erduldete. Den Christen gibt die Aussage, dass Jesus am Ende der Zeit als der Retter der Menschheit auf die Erde wiederkommen wird, Hoffnung und Zuversicht. Ich kenne so manchen, der schon heute sehnsüchtig auf dieses Ereignis wartet, damit das Elend dieser Welt endlich ein Ende hat. Es soll meiner Meinung nach jedoch nicht zu schnell passieren, weil es noch so viele Menschen gibt, die die Gnade der Vergebung noch annehmen werden. Ich denke da natürlich auch an meine nächsten Freunde, Verwandten und Bekannten. Viele sollen noch die Chance für eine Bekehrung zu Jesus Christus erhalten, das ist mein ganz persönlicher Wunsch. Wie wir aus all dem erkennen können, gibt es absolut keine Gemeinsamkeiten zwischen dem Gott des Islam und dem Gott der Juden und Christen. Darum beten die Anhänger des Korans und die Anhänger der Bibel und des Tanach, das sind alle jüdischen Texte, die mit dem Alten Testament identisch sind, nicht zu demselben Gott. Der Unterschied zwischen dem Islam einerseits und dem Christentum und dem Judentum andererseits ist so gewaltig, dass es keine Ökumene zwischen den Religionen geben kann. Wir werden nie zu dem gleichen Gott beten, aber wir können friedlich miteinander leben, indem wir uns gegenseitig als Mensch respektieren.

Wenn ich ehrlich bin, kann ich nicht verstehen, warum ungläubige Menschen oder sogar Christen zum Islam konvertieren und teilweise sogar zu Islamisten werden. Den Männern wird im Himmelreich so manches versprochen, weswegen sie gern in den heiligen Krieg ziehen. Und die armen, mittellosen Frauen in so manchem islamischen Land genießen wahrscheinlich die Ehrerbietung, die ihnen die Mitmenschen entgegenbringen, wenn ihre eigenen Kinder zu Selbstmördern oder Märtyrern werden. Aber diese Einstellung ist schon aus rein menschlicher Sicht völlig unbegreiflich. Eine Mutter wird ihre Kinder immer lieben, wie kann sie dann so handeln? Radikale Islamisten wollen das Leben jedes Menschen zerstören, der nicht ihrer Glaubensrichtung angehört. Eine Religion, die dafür benutzt werden kann, zum Hass und zum Mord auf andere aufzurufen, ist nicht gut für die Menschheit. Für die Verbreitung einer solchen Religion ist es natürlich förderlich, dass viele Muslime in den islamischen Ländern mittellos sind. Sie folgen den Anweisungen des Korans, weil sie hoffen, dass sie dafür von Allah belohnt werden. Und die Reichen, die Diktatoren, die geistlichen Führer nutzen die Gesetze oft für ihre Zwecke. Es fällt leichter, die eigene Machtposition auszubauen, wenn man dies mit dem Willen Allahs begründet. Zum Glück befolgen nicht alle Muslime diese Anweisungen, sonst hätten alle Andersgläubigen große Probleme. Allerdings werden alle Regeln, die Mohamed seinen Anhängern auferlegt hat, als von Allah gegeben und unantastbar beschrieben. Wie können dann gläubige Muslime nur teilweise den Anweisungen folgen? Natürlich gibt es auch Regeln im Koran, deren Befolgung keine Probleme bereitet, weil sie friedlicher Natur sind. Aber dabei handelt es sich fast ausschließlich um Texte, die in Mekka entstanden sind. Friedliche Muslime lehnen also die Texte von Medina ab, weil sie zum größten Teil nicht friedlich sind, aber dann lehnen sie ja automatisch auch Allahs Wort ab. Zu dem Thema gibt es bestimmt noch genug Diskussionsbedarf, aber ich will es hier nicht weiter vertiefen.

Wie sollen wir die Bibel lesen?

Gottes Barmherzigkeit und Liebe zu uns ist so grenzenlos, dass es eigentlich kaum zu glauben ist. Wir können uns das nur begrenzt vorstellen, weil wir selbst niemals so barmherzig sein könnten. Ich denke oft gerade dann an diese Tatsache, wenn ich im Fernsehen die Nachrichten über die Gräueltaten sehe, die die Menschheit seit Beginn ihrer Existenz begeht. Kein anderes Individuum dieser Erde würde aus reiner Gier nach Macht und Geld und ohne Rücksicht auf die nachfolgenden Generationen seine eigene Umwelt zerstören. So egoistisch, rücksichtslos, eigennützig und überheblich ist nur der Mensch. Er tötet, unterdrückt, beutet aus, und nimmt mit unbeschreiblicher Ignoranz und Gleichgültigkeit das Elend anderer in Kauf, um seinen eigenen Besitz und seine Macht zu vergrößern. Das ist wirklich unbegreiflich. Und dass Gott so viel Geduld mit uns hat und Jahrhunderte damit wartet, dieser Welt ein Ende zu bereiten, weil er noch viele zu sich ziehen möchte, das kann man nur mit grenzenloser Liebe zu uns Menschen erklären. Ein echter Nachfolger Christi weiß, dass alle Geschichten, die in der Bibel stehen, der Wahrheit entsprechen. Sehr viele rational denkende Menschen sind jedoch der Meinung, dass man solche Wunder, wie Jesus sie vollbracht hat, mit der modernen Wissenschaft und dem menschlichen Verstand nicht erklären kann. Aus rein menschlicher Sicht haben sie sogar Recht. Sie vergessen jedoch, dass für Gott, der das ganze Universum geschaffen hat, alles möglich ist. Er hat die Macht über Raum und Zeit und kann deshalb sogar Dinge tun, die gegen die Naturgesetze verstoßen. Manche Ungläubige haben schon versucht, die Bibel durch philosophische Studien zu erkennen, auch wenn sie nicht an die Wahrheit der Heiligen Schrift glauben. Diese Leute konnten dabei keinen Erfolg haben, weil ein ungläubiger Mensch beim Lesen der Bibel die Zusammenhänge nur unvollständig erkennen kann. Gott will und wird diesen Personen sein Wort nicht offenbaren. Christen können jedoch aus echter Überzeugung und ehrlichem Wissensdrang die Heilige Schrift verstehen, wenn sie sich durch intensives Lesen mit dem Inhalt vertraut machen. Schon während des Lesens begreift der Suchende, was Gott ihm sagen möchte. Es ist wie ein persönliches Gespräch zwischen dem Herrn und uns. Deshalb müssen wir uns ganz intensiv mit der Bibel auseinandersetzen. Gott gibt uns beim Lesen Ratschläge und vermittelt Weisheiten, damit wir Probleme in bestimmten Situationen lösen können. Beim Lesen hat man oft das Gefühl, dass einem eine bestimmte Zeile direkt ins Auge springt. Das funktioniert nicht immer, aber manchmal erkenne ich die Wahrheit tatsächlich beim Studieren der Texte. Wenn wir Gottes Ratschläge und Anweisungen dann noch in die Tat umsetzen, dann werden wir sehen, wie sich so manche für uns ausweglos erscheinende Situation von ganz allein regelt.

Bevor ich bekehrter Christ wurde, habe ich die Worte der Heiligen Schrift zum größten Teil auch nicht verstanden. Mir war zum Beispiel nicht klar, warum so viele Kriege und Namensregister im Alten Testament ganz ausführlich beschrieben werden. Wenn man sich intensiver mit den Schriften beschäftigt, erkennt man jedoch, dass vor allem die fünf Bücher Mose bzw. die Thora ganz besonders wichtig für das jüdische Volk sind, weil in diesen Büchern alle Regeln und Vorschriften, die Gott ihm gegeben hat, beschrieben werden. Die Namensregister sind für die Israelis von großer Bedeutung, weil sie aus ihnen erfahren, von welchem der zwölf Stämme sie abstammen. Die vielen kriegerischen Auseinandersetzungen zeigen, dass sich die Menschen seit dem Sündenfall nicht verändert haben. Die Geschichte wiederholt sich ständig. So kann man zum Beispiel Parallelen zwischen der Zeit vor der Sintflut und der heutigen Zeit ziehen. Es gibt kaum Unterschiede im Verhalten der Menschen. Die Prophezeiungen, die sich bereits erfüllt haben, sind möglicherweise für einige nicht so interessant. Aber die Voraussagen für die Zukunft sind von sehr großer Bedeutung für uns. Deshalb habe ich mich bei meinem Bibelstudium besonders auf die prophetischen Bücher konzentriert. Es gibt auch eine Menge Sekundarliteratur zur Bibel, die hilft, den Inhalt zu erschließen. Beim Erforschen der theologischen Zusammenhänge müssen wir jedoch vorsichtig sein und dürfen vor allem nicht alle Interpretationen zur Bibel für richtig halten, da sie von Menschen gegeben wurden. Bekehrte Christen bekommen jedoch tatkräftige Hilfe, weil ihnen der Heilige Geist zeigt, wenn es sich bei dem

Werk, das wir studieren möchten, um falsche Auslegungen der Bibel handelt. Wer akzeptiert, dass die Bibel das einzige Buch der Menschheitsgeschichte ist, in dem absolut jede Aussage wahr ist, der weiß auch, dass wir keine zusätzliche mündliche oder schriftliche Botschaft von selbsternannten geistlichen Führern brauchen. Diese Menschen wollen anderen weismachen, dass die Aussagen in der Heiligen Schrift relativiert oder ergänzt werden müssen. Wenn sich irgendjemand auf eine weitere Schrift beruft, weil er der Meinung ist, dass der Glauben an Gott noch eine Präzision oder Legitimation braucht, dann wissen wir, dass diese Ideen durch seine eigenen Gedanken entstanden sind. Zusätzliche Schriften und Lehren sind von Menschen erfunden worden, die Gott nicht kennen und nur auf ihre eigenen Vorteile bedacht sind. Gott kann natürlich direkt zu Menschen sprechen, aber in diesen Situationen wird er niemals das zurücknehmen, was er den Autoren der Bibel vor Jahrhunderten aufgetragen hat zu schreiben. Demzufolge sind auch alle Lehren unwahr, die von einem Menschen erdacht wurden und die man nicht in der Bibel finden kann. Gott wirkt auf zwei verschiedene Weisen auf uns. Er spricht zu uns vor allem durch sein eigenes Wort in der Bibel, aber er nimmt durch die individuelle Führung eines jeden einzelnen Menschen auch Einfluss auf unser persönliches Leben. Wir müssen bei allen Gedanken, die wir haben, jedoch überprüfen, ob sie tatsächlich eine Inspiration von Gott sind. Falsche Propheten gab es schon immer, die uns etwas anderes einreden wollen. Diese Menschen zweifeln durch selbst ausgedachte Botschaften das Wort Gottes teilweise an oder wollen sie sogar erneuern. Für uns entsteht dadurch automatisch die Aufgabe zu erkennen, welche Lehre nur durch eine von einem selbstsüchtigen und eigennützigen Menschen erdachte Philosophie oder Ideologie entstanden ist. Gott selbst sagt bereits am Anfang der Bibel, dass die Vorhersagen desjenigen, der nicht in seinem Namen zu uns spricht, nie in Erfüllung gehen, weil er sie verkündet hat, um für sich selbst einen Nutzen daraus zu ziehen. Wie wahr ist diese Aussage! Viele Menschen behaupteten, mehr zu wissen als Gott. Aber alle diese Verkünder sind gescheitert und letztendlich als ganz normale Menschen verstorben, selbst der Begründer des Islam.

Mohamed sagte zu seinen Lebzeiten, dass Allah ihm die Worte für den Koran persönlich eingegeben hätte, weil die Schriften der Bibel verfälscht worden wären. Welche Unterschiede finden wir jedoch in den beiden Schriften und welche neuen Aussagen wurden von Mohamed getroffen? Ich habe den Koran und andere islamische Schriften studiert und weiß, dass es in diesen Büchern sehr viele Stellen gibt, in denen zum offenen Kampf gegen Andersgläubige aufgerufen und Frauen diskriminiert werden. Die Lehren des Islam beruhen vor allem auf Verboten und Vorschriften. Wer diesen nicht folgt, soll von Allah bestraft werden. Man muss ihm immer gehorsam sein, so dass diese Religion vor allem auf Angst basiert. Denn jeder Moslem fragt sich, wie Allah ihn bestrafen wird, wenn er die Gebote nicht befolgt hat. Was passiert, wenn ich während der Zeit des Ramadans trotzdem esse, Alkohol trinke oder mich als Frau nicht verhülle? Ein Gott, der seine Kinder durch Angst erzieht, ist kein liebender Gott. Unser Gott ist jedoch wie ein Vater, der all seine Geschöpfe unendlich liebt. So steht es sogar in der Bibel geschrieben. Wenn Eltern ihren Kindern alle möglichen Verfehlungen vergeben können, weil sie sie lieben, wie erst wird der Herr im Himmel reagieren? Er wusste doch schon vor der Erschaffung der Welt, wie wir sein werden. Unser Gott liebt uns unendlich und ist ständig zur Vergebung bereit. Wenn Muslime diese Erkenntnis gewonnen haben, wechseln sie manchmal die Religionszugehörigkeit. Aber es gibt auch noch viele Anhänger der Lehre Mohameds oder anderer geistlicher Führer. Für sie ist es durch die verfestigten Strukturen in den jeweiligen Religionsgemeinschaften nicht leicht, sich von ihrem Weltbild zu lösen und sich im Endeffekt von ihrer Religion abzuwenden. Gott hat das letzte Mal durch Jesus zu den Menschen gesprochen. Da er uns bereits alles gesagt hat, was wir wissen müssen, wird es auch in Zukunft keine zusätzlichen Offenbarungen mehr geben. Es ist nicht nötig, der Bibel etwas hinzuzufügen, weil die Schrift mit dem Neuen Testament abgeschlossen ist.

Christen wissen mit hundertprozentiger Sicherheit, dass alle von Menschen geschaffenen Lehren falsch und gefährlich sind. Sie bringen nicht das rettende Heil, sondern die Verdammnis, indem sie unwissende Menschen in die Irre führen. Die Entstehung von Sekten und Religionen ist auf den Größenwahn einiger selbstverliebter Menschen zurückzuführen, die sich auf die gleiche Stufe mit dem Schöpfer stellen wollen, indem sie behaupten, dass sie über zusätzliche Informationen verfügen. In den Schriften dieser selbsternannten Religionsführer ist keine Botschaft von Gott enthalten. Das gilt zum Beispiel für das Buch der Mormonen von Joseph Smith, das Buch der Zeugen Jehovas von Ch.T. Russel, das Buch der Muslime von Mohamed usw. Diese Bücher sind das Werk falscher Botschafter, die die Menschen verführen wollen. Im Gegensatz dazu vermittelt der Schöpfer uns ständig neue Erkenntnisse, die wir während des Studierens der Heiligen

Schrift gewinnen können. Deshalb bleibt die Bibel für die Menschen auch in Zukunft die einzige wahre Informationsquelle. Wenn einige Zeitgenossen heute behaupten, dass sie von Gott Weisungen erhalten hätten, die sie uns weitersagen sollen, dann wissen wir, dass sie Lügner sind, wenn wir feststellen, dass diese Aussagen nicht mit denen der Bibel übereinstimmen. Weil es jedoch immer wieder Menschen geben wird, die die Menschheit irreführen wollen, ist es eben ganz wichtig, dass wir uns in der Bibel darüber informieren, was Gott von uns möchte.

Zu der Frage, ob es ein Leben nach dem irdischen Tod gibt, finden wir auch einige Aussagen in der Bibel. Aber in jeder Kultur und jedem Völkerstamm, der auf unserer Erde lebt, gibt es auch den Wunsch, nach dem Tod weiterzuleben, weil Gott selbst jedem Menschen die Sehnsucht nach dem ewigen Leben gegeben hat. Bis jetzt ist es jedoch nur Jesus Christus gelungen, aus dem Jenseits in unsere Welt zurückzukommen. Weil er als Mensch am Kreuz gestorben und am dritten Tag von den Toten auferstanden ist, wissen wir, dass er lebt. Das bedeutet aber auch, dass jeder Mensch, der Jesus zu Lebzeiten als seinen Retter angenommen hat, auch den Tod besiegen kann und nach dem irdischen Tod weiterlebt. Jesus war der Erste, der bewiesen hat, dass es das ewige Leben im Himmel bei unserem Vater tatsächlich gibt. Dadurch, dass er nach seinem irdischen Tod nach ein paar Tagen vor seinen Jüngern und mehreren hundert Menschen erschienen ist, hat er bestätigt, dass Himmel und Hölle wirklich existieren. Alle Menschen leben ewig, aber durch den Glauben an Gott bekommen wir das ewige Leben im Himmelreich. Menschen mit Nahtoderfahrung, die ins irdische Leben zurückgekehrt sind, berichten immer entweder vom Leben im Himmel aber auch in der Hölle, in welchem sich ihr Geist nach dem zeitweiligen, klinischen Tod befand. Alle, die einen kurzen Blick ins Himmelreich werfen durften, wollten nicht auf die Erde zurück, weil es dort so viel schöner und besser ist, als sie es beschreiben konnten. Im Gegensatz dazu haben manche Menschen sogar zu Gott hier auf der Erde gefunden, nachdem sie schon fast in der Hölle waren. Sie waren so geschockt und entsetzt über das, was sie dort nach dem irdischen Tod erwartet, dass sie sofort von ihrem sündigen Leben auf der Erde Abstand nahmen. In der Bibel steht, dass unser biologisches Leben auf der Erde extrem kurz ist. Man kann es mit dem ewigen Leben im Himmel nicht vergleichen, weil es dort keine Zeit mehr gibt und die Menschen nicht mehr altern.

Wie das ewige Leben im Himmelreich sein wird, können wir natürlich erst nach unserer Auferstehung nach dem irdischen Tod erfahren. In der Bibel finden wir auch zu dieser Frage bereits ein paar Antworten. Gott teilt nach dem irdischen Tod alle Menschen in zwei Gruppen. Die eine bekommt das ewige Leben im Himmelreich, und die Vertreter der anderen Gruppe müssen dann in ewiger Finsternis ohne Liebe bleiben. Das Leben wird für uns Gläubige im Himmelreich sehr viel schöner sein als auf der Erde. Wir werden sowohl Jesus als auch Gott von Angesicht zu Angesicht gegenübertreten. Und der Schöpfer wird uns dann danach bewerten, wie wir auf der Erde gelebt haben. Einige ungläubige Menschen sagen, dass sie nach ihrem irdischen Tod nicht in den Himmel wollen, weil es dort zu langweilig wäre. Dabei reicht die menschliche Vorstellungskraft absolut nicht aus, um sich ausmalen zu können, wie herrlich es wirklich im Himmelreich ist. In der Bibel wird an manchen Stellen jedoch schon gesagt, dass der Himmel ein ewiges Reich ist, das kein Ende besitzt. Dort wird Gottes Herrschaft von allen Bewohnern anerkannt. Alle regieren zusammen mit Jesus, sodass es nie Unstimmigkeiten gibt. Es ist ein Friedensreich, in welchem die Harmonie an erster Stelle steht, es keinen Streit und keinen Hass mehr geben wird.

Im Himmel ist es nie langweilig, und die Menschen sind alle glücklich. Dieser Ort wird in der Bibel als ein ewiges Fest der Freude beschrieben und mit einer Hochzeit verglichen. Jesus ist in der Bibel bildlich der Bräutigam, und seine Gemeinde ist die Braut. Eine innigere Beziehung als zwischen zwei jungen Menschen, die gerade vermählt wurden, gibt es doch gar nicht. Die Menschenmenge wird aus allen Völkern der Erde und aus allen Nationen kommen, um an diesem Fest teilzunehmen. Christen werden also sowohl aus den europäischen und nordamerikanischen Ländern, als auch aus arabischen und südostasiatischen Ländern, eben aus der ganzen Welt, den Weg zu Gott finden. Aber das Wichtigste ist, dass es im Himmel keine Sünde mehr gibt. Endlich, denn unsere Welt ist verdorben, und das kann niemand gut finden. Es herrschen Leid, Not, Schmerz, Krankheit, Krieg und Tod auf der Erde, jeder ist auf irgendeine Art und Weise von diesem Elend betroffen. Im Himmel existiert das alles nicht mehr, weil Gott alles neu gemacht hat. Es wird dort wie im Paradies sein, welches Gott ursprünglich auch ohne Mängel und ohne Leid geschaffen und das er für uns Menschen vorgesehen hatte. Gott selbst und auch Jesus wohnen dort, nachdem er nach seiner Himmelfahrt zum Vater gegangen ist.

Wenn Jesus am Ende der Zeit auf die Erde zurückkommt, um uns zu erretten, kommt er aus dem Himmelreich und holt seine Nachfolger zu sich. Auf diesen Moment warten manche Christen schon jetzt sehnsüchtig, weil sie dann endlich von all dem irdischen Schmerz befreit sind. Ich denke jedoch nicht so, obwohl ich weiß, dass der Zeitpunkt der Wiederkunft Jesu nicht mehr allzu fern ist. Die Zeit wird knapp, und noch viel zu viele Menschen sind nicht bekehrt. In der Bibel wird für die Endzeit jedoch zum Glück eine große Evangelisationswelle vorausgesagt. Damit wird die Hoffnung erfüllt, dass selbst in Deutschland noch viele derzeit Ungläubige gerettet werden. Im Wort Gottes steht auch, dass alles, was wir in diesem Leben im Namen Jesu tun, im Himmel belohnt wird. Für mich persönlich ist das nicht so wichtig, weil ich einfach nur Gutes tun will. Und ich möchte so vielen Menschen wie möglich dabei behilflich sein, doch noch zu Gott zu finden. Nur wer Gott bis zu seinem Lebensende treu ist, der wird von ihm belohnt werden. Das ist besonders dann schwierig, wenn man wegen dieser Loyalität verfolgt und mit dem Leben bedroht wird. Das höchste Ziel aller Menschen sollte trotzdem sein, durch den Glauben an Jesus den Himmel zu erreichen. Bekehrte Christen wollen nicht, dass jemand verlorengeht. Deshalb haben sie keinen größeren Wunsch, als so viele Ungläubige wie möglich zu Gott zu bringen. Das Wissen über den Himmel ist der Grund dafür, dass manche sogar als Märtyrer sterben und ihren Glauben an Gott auch dann nicht aufgeben, wenn sie durch Folter dazu gezwungen werden sollen. Sie wissen, was für ein Leben nach dem irdischen Tod im Himmel auf sie wartet. Für eine bloße Idee oder Fantasie würde kein Mensch dieser Erde sein Leben geben. Muslimen wird zwar auch ein Leben in Saus und Braus nach dem irdischen Tod versprochen, aber bekehrte Christen haben das ewige Leben schon hier auf der Erde geschenkt bekommen und kennen den Unterschied jetzt schon.

Was können wir aus der Wissenschaft über Gott erfahren?

In den nächsten Kapiteln werde ich versuchen, die Wahrheit der Bibel und damit des Evangeliums mit rein wissenschaftlichen Merkmalen oder Erkenntnissen zu bestätigen. Es gibt für alle, die auf dieser Erde leben, zwei Dinge, an denen absolut jeder Mensch Gott erkennen kann. Das erste ist das Gewissen, das der Schöpfer allen Menschen gegeben hat. Der Herr zeigt sich uns jedoch vor allem durch seine Schöpfungen. Wer genauer hinschaut und nachdenkt, wird feststellen, dass hauptsächlich im letzten Jahrhundert unheimlich viele Erkenntnisse gewonnen wurden, die wissenschaftlich beweisen, dass unser Universum nicht durch Zufall entstand, sondern vom Schöpfer bewusst so geplant wurde, wie es bis heute ist. Das betrifft auch die Naturgesetze, die Gott festgelegt hat. Sie dürfen nicht verändert werden, damit alles überhaupt funktionieren kann und ein Leben auf der Erde möglich ist. Wenn zum Beispiel aus unbelebter Materie lebende Organismen entstehen könnten, dann wäre dies für die Anhänger der Evolutionslehre ein gutes Argument für die Bestätigung ihrer Theorie von der Entstehung der Welt. Aber durch wissenschaftliche Experimente wurde bewiesen, dass in der Natur, die nicht vom Menschen beeinflusst wird, organische Verbindungen nur durch Vermehrung anderer Organismen entstehen. Und trotzdem behaupten Atheisten und die Anhänger der Theorien, die der Naturforscher Charles Darwin schon im 19. Jhd. aufgestellt hat, bis heute, dass sich aus unbelebter Materie lebende Organismen entwickeln können. Sie verwechseln bei ihrer Betrachtungsweise jedoch die Materie in Lebewesen mit dem lebenden Organismus als vollständiges Wesen. Lebewesen bestehen zwar auch aus anorganischen Stoffen, aber es gibt ein wesentliches Merkmal, woran man den Unterschied zur unbelebten Materie eindeutig erkennen kann. Jede einzelne Pflanze, jedes Tier und jeder Mensch besitzt zusätzlich Informationen, die nicht in der unbelebten Materie erzeugt werden können. Durch diese Informationen werden die wichtigsten physikalischen und chemischen Prozesse gesteuert, die für unser Leben notwendig sind.

Ein Beispiel ist der komplexe Organismus des Menschen. In ihm wirken bewusste Abläufe, bei denen Informationen übertragen werden, wie zum Beispiel die Sprache und willentliche motorische Bewegungen der einzelnen Körperteile. Aber auch unbewusste Abläufe, die wir nicht selbst beeinflussen können, werden durch Informationen gesteuert. Zu ihnen gehören die Funktionen der Organe und des Hormonsystems. Außerdem können die Lebewesen nur durch Informationen ihr Aussehen verändern und sich fortpflanzen. Sie sind in ihrer Art und ihrem Aussehen so komplex und einzigartig, dass sie nicht durch Zufall aus toter Materie entstanden sein können. Der menschliche Geist kann sich solch eine Vielfalt nicht ausdenken oder erfinden. Fakt ist demzufolge, dass jede Information in den Lebewesen eine geistige Quelle braucht, weshalb sie ihrem Wesen nach nicht materiell sein kann. Lebende Organismen funktionieren deshalb nur, weil sie durch einen geistigen und intelligenten Schöpfer geschaffen wurden.

Jede Information hat ein bestimmtes Ziel und funktioniert deshalb nicht ohne einen Willen oder eine bestimmte Absicht. Deshalb kann sie auch nicht durch Zufall entstehen. Wie an diesen Ausführungen schon zu erkennen ist, müssen wir im Gegensatz zur Evolutionslehre das Leben viel komplexer und umfangreicher beschreiben. Es besteht nämlich sowohl aus einem materiellen als auch aus einem nichtmateriellen Anteil. Das ist die Information, die von einer geistigen Quelle kommt. Dieser geniale Geist und Urheber ist Gott, welcher in der Bibel gleich auf der ersten Seite genannt wird. Die Evolutionslehre geht jedoch davon aus, dass die Information in den Lebewesen keinen Sender braucht. Diese Aussage wurde in der Wissenschaft schon vor Jahrzehnten widerlegt. Die Naturgesetze über die Information liefern im Gegensatz zu allen anderen physikalischen und chemischen Naturgesetzen mit Abstand das beste Argument dafür, die Entstehung der Lebewesen durch die Schöpfung zu erklären. Gott hat uns genauso erschaffen, wie wir sind. Atheisten und Anhänger anderer Religionen haben die Wahl zu entscheiden, ob die Entstehung des Universums ein Mysterium ist, das niemals vollständig wissenschaftlich erklärt werden kann, oder ob die Aussagen der Bibel einfach mal wahr sind. In dem Fall werden alle Fragen zum Wesen des Menschen, seiner Entstehung und dem Sinn unseres Daseins bereits von dem Schöpfer selbst durch seine Schreiber beantwortet.

Es gibt keinen Konflikt zwischen der Bibel und wahrer Wissenschaft, denn der Gott, der die Bibel inspirierte, ist derselbe Gott, der das Universum erschaffen hat. Wie sind dann aber die vielen wissenschaftlichen Entdeckungen zu erklären, die anscheinend absolut im Gegensatz zur Bibel stehen? Erstens versäumen Naturwissenschaftler oft, zwischen Theorien und Tatsachen zu unterscheiden. Sie gründen ihre Schlussfolgerungen auf unvollständige Daten oder auf fehlerhafte Mess- und Bestimmungsmethoden. Und zweitens erkennen sie die Möglichkeit nicht an, dass Gott auf übernatürliche Weise in die Schöpfung eingreifen kann. Sie übersehen, dass derselbe Gott, der die Naturgesetze erlassen hat, sie beibehalten oder auch zeitweilig außer Kraft setzen kann. Die Widersprüche zwischen Bibel und Wissenschaft sind zum Teil auch auf folgendes Versäumnis der Christen zurückzuführen. Sie unterscheiden nicht zwischen dem, was die Bibel wirklich sagt, und dem, was Menschen sagen, es würde angeblich in der Bibel stehen. Die Christen müssen auch zwischen menschlicher Auslegung der Bibel und göttlicher Inspiration derselben unterscheiden. Deshalb müssen wir uns strikt an die Aussagen der Bibel halten.

In einem Fachbuch habe ich einmal ein Beispiel dafür gefunden, wie Information in Lebewesen praktisch funktioniert. Die Geschichte vom Goldregenpfeifer ist so faszinierend, dass ich sie hier wiedergeben möchte. Es handelt sich um einen kleinen Zugvogel, der in kalten Gegenden, wie in Alaska oder der ostsibirischen Tundra, geboren wird. In den ersten Lebensmonaten nimmt er mehr als die Hälfte des ursprünglichen Körpergewichts zu. Er braucht dieses zusätzliche Gewicht als notwendigen Treibstoff für die Flugreise von Alaska bis nach Hawaii. Diese 4500 Kilometer wird er bald zurücklegen. Auf der ganzen Strecke kann sich der Vogel nicht ein einziges Mal ausruhen, weil es unterwegs keine Insel oder Festland gibt. Und schwimmen kann der Goldregenpfeifer nicht. Er fliegt 88 Stunden, also drei Tage und vier Nächte lang, ununterbrochen über das offene Meer. Wissenschaftler haben ausgerechnet, dass diese Vögel dabei die Flügel 250.000 Mal auf und ab bewegen. Woher wusste der Vogel, dass er sich genau 70 Gramm Fett anfressen musste, um bis nach Hawaii zu gelangen? Und woher bekam er überhaupt die Information, dass er nach Hawaii fliegen soll und in welche Richtung er sich fortbewegen muss? Er hat ja die Strecke vorher noch nie abgeflogen. Unterwegs gibt es keine Orientierungspunkte. Wie kann der Goldregenpfeifer am Ende der Reise die winzigen Inseln im Pazifischen Ozean finden? Wenn er sie nicht erkennen würde, müsste er nämlich bei den zu Ende gehenden Fettreserven ins offene Meer stürzen. Ohne Information können die kleinen Vögel außerdem nicht den genauen Kurs des Fluges bestimmen und korrigieren, wenn sie auf ihrer Reise durch Stürme abgetrieben werden. Sie besitzen eine Art Navigationssystem in ihrem Körper, das genau auf das Ziel ausgerichtet ist.

Aber die Informationen dafür müssen ihnen erst gegeben worden sein. Wenn der Vogel diese 4500 Kilometer in exakt 88 Stunden bewältigt, beträgt die Fluggeschwindigkeit etwa 51 Kilometer pro Stunde. Fliegt der Goldregenpfeifer langsamer, verbraucht er zu viel Fett allein für den Antrieb. Fliegt er jedoch schneller, würde er zu viel Energie zum Überwinden der Luftreibung verschwenden. Er muss diese Geschwindigkeit also unbedingt einhalten. Wissenschaftler haben außerdem herausgefunden, dass dieser Vogel in einer Flugstunde 0,6% des Körpergewichts in Bewegungsenergie und Wärme umsetzt. Zu Beginn des Fluges wiegt er 200 Gramm, also wiegt er nach einer Stunde noch 198,8 Gramm. Am Ende der Reise darf er nicht weniger als 130 Gramm wiegen, denn bei diesem Gewicht sind alle Reserven aufgebraucht und der Vogel müsste ins Meer stürzen und ertrinken. Mit den 70 Gramm Fettreserven, die er sich in den ersten Lebensmonaten angefressen hatte, würde er nicht ans Ziel kommen, weil er für den Energieverbrauch rein rechnerisch 82,2g Fett benötigt. Nach 72 Flugstunden wären alle Fettreserven vollständig verbraucht und der Goldregenpfeifer müsste 800 Kilometer vor dem Ziel ins Meer stürzen. Deshalb bekommt jeder einzelne Vogel zwei lebenswichtige Informationen von Gott gegeben, nämlich: 1. „Fliege nicht allein über das Meer, sondern immer in Gemeinschaft mit anderen!" und 2. „Ordnet euch bei diesem Flug immer in Keilformation an!" Im Keilflug spart jeder Vogel gegenüber dem Einzelflug 23% Energie. Die Stärksten wechseln sich an der Spitze ab, denn dort ist die Belastung am größten, und am Flugende benötigen die Vögel die wenigste Energie. Mit diesem Prinzip bleibt sogar noch eine kleine Fettreserve übrig für den Fall, dass einmal Gegenwind aufkommen sollte. Wer kann bei all diesen programmierten Informationen noch davon reden, dass all diese Prozesse zufällig durch Selektion oder Mutation entstanden sind und ablaufen?

Und obwohl jeder vernunftbegabte Mensch nun einsehen müsste, dass es für das Leben auf der Erde einen Schöpfer oder Urheber geben muss, wird bis heute in den Schulen die Evolutionslehre als alleingültiges Gesetz gelehrt. Selbst logische Argumente können Atheisten nicht davon überzeugen, dass es Gott tatsächlich gibt. Aber das liegt eben daran, dass man für den Glauben an den Herrn die richtige innere Einstellung braucht. Wer nicht glauben will, wird dies auch nie tun. Für denjenigen, der Gott ablehnen will, ist es völlig egal, ob man durch wissenschaftliche Erkenntnisse belegen kann, dass die Evolutionslehre falsch ist. Wir können auch feststellen, dass es bis heute keine einzige physikalische Methode gibt, die dafür geeignet ist, das Alter der Erde oder des Universums zu bestimmen. Der Grund dafür liegt ganz einfach darin, dass es in der Natur keine Uhr gibt, die seit der Schöpfung oder Entstehung der Welt mitläuft. Nun gibt es einige Methoden, mit denen die Menschen versuchen, dieses Problem zu lösen. Aber keine davon ist wirklich zuverlässig und fehlerfrei. Diese Tatsache wird von den Wissenschaftlern natürlich immer verschwiegen und bei der Präsentation von neuen Erkenntnissen nicht erwähnt. Bei der Messmethode des radioaktiven Zerfalls instabiler Atome zum Beispiel liegt das Problem darin, dass die Ausgangsmenge des Zerfallsmaterials unbekannt ist. Kein Mensch weiß, wie viele instabile Atome zum Zeitpunkt der Entstehung des Universums vorhanden waren. Eine zuverlässige Messmethode der Zeit gibt es jedoch bei Bäumen durch das Abzählen von Baumringen.

Da die ältesten Bäume auf der Erde etwa 5000 Jahre alt sind, beschränkt sich diese Messmethode nur auf diese kurze Zeitspanne. Die Evolutionslehre geht jedoch davon aus, dass das Universum schon seit Jahrmillionen existiert. Diese Annahmen sind aber nicht durch exakte physikalische Messungen bewiesen worden, sondern sie beruhen auf der sogenannten Geologischen Zeitskala. Die Wissenschaftler, die ihre Erkenntnisse mit dieser Messmethode begründen, setzen voraus, dass für alle geologischen Erd- und Gesteinsformationen die maximale Geschwindigkeit der Ablagerung von Segmenten immer gleichbleibend und lückenlos gewesen ist. Je tiefer sich ein geologisches Objekt im Erdreich befindet, umso älter müsste es demzufolge sein. Da jedoch geologische Prozesse in der Natur niemals gleichmäßig ablaufen, ist diese Theorie absolut unlogisch und nicht nachvollziehbar. Wenn wir die Sintflut in diese Methode der Langzeitberechnung dann noch mit einbeziehen, stimmt diese wissenschaftliche Erklärung erst recht nicht mehr. Aus den genannten Aussagen kann jeder denkende Mensch erkennen, dass es für die radiometrischen Langzeituhren kein geeichtes Gerät gibt, an dem man sehr lange Zeitspannen ablesen kann. Die älteste Geschichte, die wir heute aus verschiedenen Quellen kennen, beginnt in Vorderasien und Ägypten in den Jahren um 3000 v.Chr. Dieser Zeitpunkt stimmt erstaunlicherweise mit dem Alter der ältesten Bäume überein, die es heute noch auf der Erde gibt. Und auch die Bibel weist eine Übereinstimmung auf. In der Heiligen Schrift reicht die Geschichte bis zum ersten Menschenpaar, das von Gott erschaffen wurde. Durch die konsequente Aufzeichnung der dann folgenden Stammbäume erkennen wir den einzigen zuverlässigen Zeitraum, den es seit der Schöpfung gibt. Obwohl auch diese Aufzeichnungen nicht lückenlos sind, kann man aus ihnen errechnen, dass die Erde einige Jahrtausende, aber auf keinen Fall Jahrmillionen alt ist. Aus der Bibel erfahren wir auch, dass das Alter der Erde, des Universums und der Menschheit fast übereinstimmen.

Die meisten Menschen, die durch das weltlich vermittelte Wissen der Schulen geprägt sind, werden diese Tatsache ablehnen. Sie werden unter anderem zu bedenken geben, dass uns in dem Fall das Licht der Sterne, die Millionen von Lichtjahren von der Erde entfernt sind, noch gar nicht erreichen könnte. Diese Betrachtungsweise geht aber von falschen Voraussetzungen aus, denn Entfernung ist nicht gleich Zeit. Planeten und Sterne befinden sich Lichtjahre von der Erde entfernt, aber das Lichtjahr ist genauso wie das Meter kein Zeit-, sondern ein Entfernungsmaß. Auch wenn uns der Abstand zwischen zwei Objekten bekannt ist, sagt das nichts über ihr Alter aus. In der Evolutionslehre wird davon ausgegangen, dass es keinen Anfangs- oder Endpunkt der Zeit gibt, so wie es in der Bibel beschrieben wird. Es wird dagegen angenommen, dass beliebig viel Zeit für die Vergangenheit und auch für die Zukunft zur Verfügung steht. In der Bibel heißt es dagegen, dass am vierten Schöpfungstag die Sterne geschaffen wurden. Als Gott die Schöpfung des Universums beendet hatte, war alles fertig. Wenn die Meinung der Anhänger der Evolutionstheorie richtig wäre, hätte man zu diesem Zeitpunkt jedoch nicht einen einzigen Stern am Himmel gesehen. Der Stern, welcher sich am nächsten zur Erde befindet, liegt 4,3 Lichtjahre entfernt, weshalb er auch erst 4,3 Jahre nach der Schöpfung das erste Mal von der Erde aus zu sehen gewesen wäre. Den nächsten Stern hätte man dann noch 1,6 Jahre später gesehen. Unbekannte Sterne würden demzufolge ständig am Himmel erscheinen, weil von Jahr zu Jahr neues Licht der Sterne, die sich in immer größerem Abstand von der Erde befinden, bei uns ankommen würde. Bisher wurde durch die Forschung in der Astronomie jedoch nicht beobachtet, dass der Himmel im Laufe der Zeit immer heller wird. Wenn die Evolutionslehre stimmen würde, dann hätte Abraham, der ungefähr 2000 Jahre nach der Schöpfung lebte, nicht einmal die hellsten Sterne unseres Milchstraßensystems gesehen, geschweige denn die Sterne anderer Galaxien. Auch hier erkennen wir durch logisches Denken, dass man die Anzahl der Lichtjahre nicht mit dem Mindestalter der Sterne gleichsetzen kann. Wenn wir durch unsere naturwissenschaftliche Denkweise versuchen, das Alter der Sterne zu bestimmen, werden wir demzufolge kein konkretes Ergebnis erhalten.

Genauso wenig können wir durch unser Denkvermögen erklären, wie die Struktur unseres Universums aussieht. Gott selbst teilt uns in der Bibel mit, dass wir den Umfang des Weltalls nie erkennen werden. Deshalb steht heute schon fest, dass es keinem Forscher der Astronomie oder Geophysik jemals gelingen wird, die Struktur des Weltalls oder die Beschaffenheit des Erdinnern vollständig zu erforschen. Bei der Frage, wie lange ein Schöpfungstag dauerte, gehen sogar die Meinungen unter Christen auseinander. In der Bibel steht, dass die einzelnen Werke der Schöpfung an sechs aufeinanderfolgenden Tagen geschaffen wurden. Ein Tag betrug von Anfang an 24 Stunden. Viele Menschen haben versucht, die Tage der Schöpfung zu langen Zeitperioden umzudeuten. Sie stützen sich bei der Interpretation auf eine Passage in der Bibel, in welcher gesagt wird, dass für Gott tausend Jahre wie ein Tag sind. Sie vergessen dabei, dass es an dieser Stelle nur darum geht, Gott als den Ewigen zu beschreiben, der von Zeit unabhängig ist. Wenn wir diesen Irrtum der Textinterpretation auf die gesamte Bibel anwenden, dann würde das auch bedeuten, dass Jesus nach 3000 Jahren von den Toten auferstehen wird. Das ist, wie wir ja wissen, so jedoch nicht geschehen. Trotz all dieser genannten wissenschaftlich begründeten Argumente bleibt die Führungselite der meisten Staaten dieser Welt bei ihrem Weltbild und lehnt die Schöpfungsgeschichte in der Bibel ab, weil ansonsten Gott als der Schöpfer aller Dinge anerkannt werden müsste. Jedoch wird die von vielen modernen Wissenschaftlern unterschiedlichster Bereiche durch mehrfach bewiesene und belegte Erkenntnisse und Forschungsergebnisse widerlegte und wissenschaftlich nicht mehr tragbare Evolutionslehre weiterhin als allein gültiges Gesetz in allen Bildungseinrichtungen anerkannt und gelehrt. Wer in Deutschland als Schüler diesem Gedankengut nicht folgt, wird mit schlechten Noten bestraft. Die zum größten Teil ungläubigen Vertreter der Ministerien versuchen, auch den Rest der Bevölkerung auf ihren unchristlichen Kurs zu bringen. Deshalb ist es für Christen sehr schwer, gegen dieses Bollwerk anzukämpfen. Besonders hart trifft es gläubige Kinder, weil sie sehr viel innere Stärke, Durchsetzungsvermögen und eine unendlich große Liebe zu Gott brauchen, um sich gegen die Masse der Ungläubigen behaupten zu können. An meinen eigenen Kindern kann ich erkennen, wie der Einfluss der Schule ihr gesamtes Denken bestimmt. Das ist normal, weil man doch davon ausgehen sollte, dass in den Schulen nur wissenschaftlich fundiertes und bewiesenes Wissen vermittelt wird, was jedoch nicht der Fall ist. Vermutungen werden einfach zu Lehren umfunktioniert. Wissenschaftliche Erkenntnisse, die diese Theorien widerlegen, werden in der Betrachtungsweise nicht zugelassen und natürlich auch nicht publiziert.

Außerdem wird in den Medien die Bibel als eine Ansammlung von mythischen Geschichten und Märchen dargestellt. Dass die Menschen seit Jahrhunderten systematisch über das Alter der Erde, den Aufbau des Universums und die Folgen der Sintflut getäuscht werden, kann man an vielen Dingen auch so erkennen. Es ist absolut nicht bewiesen, dass die Sonne der Mittelpunkt des sogenannten „Sonnensystems" und die Erde ein runder Planet ist, der sich um die Sonne dreht. Es gibt nicht ein einziges Foto von der Erde oder den anderen Planeten, das diese Theorie unterstreichen würde, sondern nur Animationen. Im Gegenzug dazu kann man mit physikalischen Experimenten beweisen, dass die Erde außen nicht gekrümmt sein kann. An vielen Stellen der Bibel werden die Erde und das Universum total anders beschrieben, als wir es kennen. Es fällt auch mir sehr schwer, die Aussage zu glauben, dass die Erde eine Scheibe ist, weil wir es anders gelernt haben und seit Jahrhunderten ein anderes Weltbild vermittelt wird. Da ich aber hundertprozentig auf die Aussagen der Bibel vertraue, glaube ich auch nicht, dass der Vorfahre des Menschen der Affe war. Was wird also über die Erde in der Bibel gesagt? In 1. Chronik 16,30 steht zum Beispiel: „Erzittert vor ihm (Gott), alle Lande! Hat er doch den Erdkreis (nicht Erdkugel) gefestigt (feststehend und nicht beweglich), dass er nicht wankt!" Und in Psalm 93,1 können wir lesen: „Der HERR ist König, mit Majestät bekleidet; der HERR ist angetan, ist umgürtet mit Macht; auch der Weltkreis steht fest und wird nicht wanken.", Psalm 96,10: „Darum steht auch der Erdkreis fest und wankt nicht." Warum sagt Gott, dass der Mond selbst leuchtet, aber die Welt erzählt, dass der Mond deshalb leuchtet, weil er von der Sonne angeleuchtet wird? Das steht in 1.Mose 1,14-16: „Und Gott sprach: Es seien Lichter an der Himmelsfeste, zur Unterscheidung von Tag und Nacht, die sollen zur Bestimmung der Zeiten und der Tage und Jahre dienen, und zu Leuchtern an der Himmelsfeste, dass sie die Erde beleuchten! Und es geschah also. Und Gott machte die zwei großen Lichter, das große Licht zur Beherrschung des Tages und das kleinere Licht zur Beherrschung der Nacht; dazu die Sterne." Der Prophet Hesekiel schrieb in 32,7 die Worte des Herrn auf: „Wenn ich dich auslöschen werde, so will ich den Himmel bedecken und seine Sterne finster machen; ich will die Sonne mit einer Wolke überziehen, und der Mond wird seinen Schein nicht geben."

Und was wird über das Universum, die Sterne und die Planeten gesagt? Die Erdscheibe hat eine Kuppel, beides zusammen hat die Form eines runden Zeltes. In Jesaja 40,22 steht: „Der ich (Gott) über dem Kreise der Erde sitze und vor dem ihre Bewohner wie Heuschrecken sind; der ich den Himmel ausbreite wie einen Flor und ihn ausspanne wie ein Zelt, dass man darunter wohne." Hiob schrieb in 26,10: „Er hat einen Kreis (keine Kugel) abgesteckt auf der Oberfläche der Wasser, zur Grenze des Lichts und der Finsternis." Eine Kugelerde kann keine Enden der Erde haben! Und in 28,24 sagt Hiob: „Denn er schaut bis zu den Enden der Erde und sieht alles, was unter dem Himmel ist.", in 37,3: „Er lässt ihn dahinfahren unter dem ganzen Himmel und sein Licht bis zu den Enden der Erde." Das Wort Erdkreis gibt es in der Bibel sehr oft, das Wort Erdkugel dagegen nie. Praktisch bedeutet das folgendes. Wenn sich die Erde wirklich ständig mit

1.600 km/h nach Osten drehen würde, wäre beim Red Bull Stratosphären-Sprungs, bei dem Felix Baumgartner 3 h für den Aufstieg über New Mexico brauchte, er 4.000 km weiter westlich im Pazifischen Ozean gelandet, er landete stattdessen ein paar Dutzende km östlich seines Aufstiegspunktes. Wenn sich die Erde und ihre Atmosphäre wirklich ständig mit 1.600 km/h nach Osten drehen würden, dann müssten durchschnittliche Passagierflugzeuge, die mit einer Geschwindigkeit von 800 km/h fliegen, niemals in der Lage sein, ihre östlich gelegenen Zielorte zu erreichen, bis diese sie von hinten her einholen! Westliche Zielorte müssten vergleichsweise mit der dreifachen Geschwindigkeit erreicht werden, aber dies ist nicht der Fall. Wenn sich die Erde und ihre Atmosphäre wirklich ständig mit 1.600 km/h nach Osten drehen würden, würde eine Landung von Flugzeugen auf sich mit einer solch rasenden Geschwindigkeit bewegenden Landebahnen, welche in alle möglichen Richtungen nord-süd-west-und ostwärts gerichtet sind, praktisch unmöglich, aber in der Wirklichkeit sind solche fiktiven Probleme vollkommen nebensächlich. Gabrielle Henriet schreibt in ihrem Buch „Himmel und Erde": „ Wenn es die Fliegerei zu Kopernikus` Zeiten gegeben hätte, dann gibt es keinen Zweifel, dass im Hinblick auf das Verhältnis der Geschwindigkeit eines Flugzeugs zu jener der rotierenden Erde, er schnell eingesehen hätte, dass seine Behauptung einer sich drehenden Erde falsch ist. Der absolvierte Weg eines Flugzeugs würde sich bei einer Rotation entweder vergrößern oder verkleinern, je nachdem ob sich das Flugzeug mit oder gegen die Rotationsrichtung fliegen würde. Daher würde sich der Zielort eines Flugzeugs von Minute zu Minute mehr entfernen, wenn man bedenkt, dass sich die Erde angeblich mit 1.600 km/h dreht und ein Flugzeug mit nur 800 km/h in die Richtung unterwegs wäre. Andererseits wäre eine Entfernung von 2.400 km in nur einer Stunde geschafft, anstatt nur die 800 km, wenn sich der Zielort in entgegengesetzter Richtung der Rotation befinden würde, da die Geschwindigkeit der Drehung zu der des Flugzeugs gerechnet wird. Es sollte auch betont werden, dass eine Fluggeschwindigkeit, die der angeblichen Rotationsgeschwindigkeit der Erde von 1.600 km/h entspricht, vor kurzem erreicht wurde, sodass ein solch schnelles Flugzeug, wenn es in derselben Richtung wie die Erdrotation fliegt, nicht am Ziel ankommen würde. Es würde, da beide Geschwindigkeiten gleich sind, mitten in der Luft über dem Ausgangspunkt schweben bleiben."

Interessant ist ganz besonders das Ereignis der Sintflut, wie sie in der Bibel beschrieben wird. Selbst in Kulturen, in denen das Christentum absolut keine Rolle spielt, wird nicht abgestritten, dass es die Sintflut gegeben haben muss, denn es gibt zu viele Beweise dafür. Dieses Ereignis ist jedoch der Grund dafür, dass seit dem Wirken des Naturforschers Charles Darwin so massiv viele Menschen nicht mehr an Gott glauben wollen. Sowohl er als auch all seine Anhänger wollen nicht akzeptieren, dass der Schöpfer die gesamte Menschheit auslöschen kann, wenn wir ungehorsam sind. Charles Darwin trägt meiner Meinung nach die größte Schuld daran, dass wir heute wieder eine Situation vorfinden, die vergleichbar mit der Zeit vor der Sintflut ist. Damals lebten die Menschen auch in extremer Sünde. Sie glaubten genauso wenig an Gott wie so viele Mitmenschen heutzutage. Keiner außer Noah und seiner Familie beachtete die Warnungen und kehrte von seinem sündigen Verhalten um. Die Menschen wollten nicht wahrhaben, dass Gott sie für ihr Verhalten bestrafen würde. Unser Schöpfer kann sehr zornig werden, und das werden auch wir noch zu spüren bekommen, da bin ich mir ganz sicher. Dass es die Sintflut tatsächlich gegeben hat, kann man zum Beispiel an den Fossilienfunden von versteinerten Meerestieren erkennen. Ein totes Tier zerfällt nach einer gewissen Zeit im Erdboden in seine Bestandteile. Es bleibt nach der Verwesung nichts von ihm übrig. Fossilien können nur durch Ausschluss von Sauerstoff entstehen, so wie es nach der Sintflut möglich war, weil die Erde wochenlang mit Schlamm bedeckt war, nachdem das Wasser zurückgegangen war. Interessant ist auch der Fakt, dass in Gesteinsschichten aufrecht stehende versteinerte Bäume gefunden wurden. Das wäre nicht möglich, wenn die Theorie der Evolution von einer Aufschichtung von Gesteins- und Erdschichten in einer Zeitspanne von mehreren Millionen Jahren richtig wäre. Denn dann wäre dieser Baum ja über so einen langen Zeitraum gewachsen.

Da es aus menschlicher Sicht unmöglich ist, dass von jeder Tierart jeweils ein weibliches und ein männliches Tier freiwillig in die Arche gegangen sind, gehört die Sintflut für viele Menschen zu den Mythengeschichten. Dabei vergessen diese Leute jedoch, dass für Gott alles möglich ist. Wenn er die Tiere ruft und ihr Verhalten beeinflusst, dann können sie geordnet in dieses Riesenschiff gehen. Außerdem bekommen sie doch auch so schon ihre Anweisungen vom Schöpfer, sonst wüssten zum Beispiel die Zugvögel gar nicht, wohin sie fliegen sollen. Besonders interessant sind in dem Zusammenhang die Dinosaurier. Ihr Körperbau wurde bereits im Buch Hiob in allen Details beschrieben. Martin Luther konnte den Namen dieses

Tieres aus dem Hebräischen nicht übersetzen, da es zu seiner Zeit kein lebendes Tier gab, auf das die Beschreibungen zutrafen. Im Text wurde ein Pflanzenfresser mit einem kräftigen Schwanz beschrieben, was eventuell ein Krokodil hätte sein können. Aber dieses Tier ist ein Fleischfresser. Und auch das Flusspferd, das zwar ein Grasfresser ist, passt nicht auf die Beischreibung, weil es nur einen kleinen Schwanz hat. In Hiob wurde also über ein riesiges Tier berichtet, das nur ein Dinosaurier gewesen sein kann. Das Buch, in welchem über dieses seltsame Tier berichtet wird, ist eine der ältesten Schriften in der Bibel. Durch die Sintflut veränderte sich die Erdoberfläche. Die Berge, Flüsse, Seen und Ozeane bekamen total neue Formen. Da in Hiob jedoch der Fluss Jordan erwähnt wird, ist das ein eindeutiger Hinweis darauf, dass sich die Szene auf die Zeit nach der Sintflut bezieht, in der die Saurier also noch lebten. Logischerweise mussten diese Riesentiere auch durch die Arche gerettet worden sein. Weil ausgewachsene Dinosaurier in der Arche ziemlich viel Platz gebraucht hätten, kann Noah nur kleinere Jungtiere oder sogar nur Eier mitgenommen haben. Nach der Sintflut veränderten sich die Lebensbedingungen für alle Tiere. Die Dinosaurier fanden nicht mehr genügend Futter oder geeignete Behausungen, weshalb sie ausstarben. Diese Erklärung für ihr Verschwinden von der Erde ist viel logischer und einleuchtender als alle Hypothesen, die sich die Menschen ausgedacht haben, weil sie die Sintflut als Ereignis bewusst ablehnen.

Dass durch die Sintflut die verschiedenen Gesteinsschichten und die sich darin befindlichen Fossilien entstanden sind, wird von den Führungseliten vehement abgestritten, obwohl das eindeutig nachgewiesen wurde. Die Evolutionstheorie soll die Schöpfungsgeschichte ersetzen, damit immer mehr Menschen Gott als den Schöpfer aller Dinge ablehnen. Es ist furchtbar zu sehen, wie weit dieser Prozess schon vorangeschritten ist. Wer heute behauptet, dass die Aussagen der Bibel wahr sind und die Evolutionstheorie nur auf Vermutungen beruht, hat es schwer, ernstgenommen zu werden. Meine Hoffnung liegt deshalb vor allem in den Menschen selbst, die noch durch logisches Denken erkennen werden, dass wir über Jahrhunderte hinweg getäuscht wurden und die Schöpfungsgeschichte wahr ist. Und ich warte auf die Verheißungen der Bibel, in welchen vorausgesagt wird, dass Gott sich allen Menschen auf der Erde durch Wunder zu erkennen geben wird.

Ungläubige fragen auch oft provokatorisch, wen die Söhne von Adam zur Frau nahmen. Es ist logisch, dass sie nur eine ihrer Schwestern heiraten konnten. Durch den Sündenfall entstand über die Jahrhunderte hinweg auch eine ständig zunehmende Degeneration des Erbgutes. Als Adam lebte, war jedoch die Heirat zu engen Verwandten noch erlaubt, weil die genetischen Fehler noch keine Schäden bei den folgenden Generationen hinterließen. Gott setzt uns keine Grenzen in unserem Schöpfertum. Für viele mag es gut klingen, dass wir selbst große Erfindungen machen können, aber dadurch tun die Menschen viel zu oft Dinge, die uns mehr schaden als helfen. Der Mensch nutzt sein Wissen sogar dafür, Vernichtungswaffen zu erfinden. So dumm kann nur unsere Spezies sein. Kein Tier würde seine Feinde aus Hass und Machtgier vernichten, sondern nur aus reinem Überlebenstrieb. Mit der Gabe des Denkens ist der Mensch andererseits aber auch in der Lage, Organe zu verpflanzen oder Gene zu manipulieren. Wenn die Menschen nicht an Gott glauben, halten sie sich oft für allmächtig. Sie kennen keine Einschränkungen in dem, was sie tun, und erfinden auch Dinge, die nur aus böswilligen Gedanken entstehen können. Gläubige Menschen werden sich dagegen immer an die Gesetze Gottes halten und nichts erschaffen, was gegen seinen Willen ist. Durch die Genmanipulation greifen die Menschen sogar in den Prozess der Schöpfung Gottes ein und verändern das Genmaterial. Da die in eine befruchtete Eizelle übertragenen Gene an die nachfolgenden Generationen weitergegeben werden und dieser Eingriff nicht mehr rückgängig gemacht werden kann, kann man heute noch nicht voraussagen, welche Folgen diese Manipulation tatsächlich haben wird. Werden wir in Zukunft nur noch geklonte Mutanten produzieren? Durch die Gentechnologie wird jedoch auch Leben gerettet. Wenn die Menschen ihr Spezialwissen in diesem Bereich nicht missbrauchen, wird dies letztendlich nur Vorteile für die Menschheit haben.

Vor allem Atheisten wollen für alles, was auf dieser Erde und außerhalb von ihr existiert, wissenschaftliche Beweise haben. Sie wollen den ultimativen Nachweis dafür, dass Gott wirklich existiert und dass die Bibel sein Wort ist. Selbst wenn man jedoch den Herrn beweisen könnte und nicht durch den Glauben zu ihm finden müsste, würden viele von ihnen zweifeln und die Wahrheit nicht anerkennen, weil das gegen ihre Überzeugung und gegen ihr Prinzip der Ablehnung eines Schöpfers verstößt. Dabei hat die Wissenschaft in den letzten Jahrzehnten oft bewiesen, dass viele Theorien, die schon im 19. Jhd. aufgestellt wurden, heute nicht mehr gültig sind. Es gibt jedoch viele Beispiele, an denen man erkennen kann, dass das Wort

Gottes schon gültig war, bevor die moderne Wissenschaft überhaupt Erkenntnisse gewinnen konnte. Ungläubige Kritiker behaupten in dem Zusammenhang oft, dass man die Bibel nicht ernst nehmen kann, weil sie altertümliche Weltbildvorstellungen beinhaltet, die für die heutige Zeit nicht mehr aktuell sind. Aber auch das ist ein großer Irrtum, denn in der heiligen Schrift gibt es keine Weltbilder aus vergangenen Jahrhunderten. Natürlich konnten die Verfasser der einzelnen Schriften Wörter und Begriffe der Neuzeit nicht verwenden, weil sie damals noch nicht bekannt waren. Gott hätte ihnen die Fachbegriffe nennen können, aber dann wäre die Bibel nicht mehr das Buch, aus dem man nur durch Glauben an Gott die Wahrheit erkennen kann. Und auch wenn liberale Pastoren in die biblischen Texte Vorstellungen aus vergangenen Jahrhunderten hineininterpretieren, ändert das nichts an der Tatsache, dass Gott schon viel früher eine Menge Dinge beschrieben hat, die erst in den letzten Jahrhunderten von den Menschen erkannt wurden. Wenn die Menschen intensiver die Bibel gelesen hätten, wären sie vielleicht in dem einen oder anderen Fall viel früher auf die Lösung wissenschaftlicher Rätsel gestoßen. Manche Erkenntnisse sind so verblüffend, dass man es fast nicht glauben kann. Einige wenige werde ich hier beschreiben, aber in der Heiligen Schrift gibt es natürlich noch sehr viel mehr Hinweise, die Gott den Menschen gegeben hat.

Gott wusste natürlich schon, dass die Sterne nicht gezählt werden können, bevor im Jahr 1610 Galileo Galilei als erster Mensch mit einem Fernrohr den Himmel betrachtete. Aber man kann auch heute mit modernster Technik nicht die Anzahl der Sterne bestimmen und wird es nie können, genauso wie es vorausgesagt wurde. Im Buch Hiob aus dem 3. Jahrtausend v.Chr. stellte Gott Hiob die Frage, ob er das Sternbild der Plejaden verknüpfen könne. Bei den meisten Sternbildern wäre diese Frage falsch formuliert gewesen, weil die Sterne frei im Weltall schweben und unabhängig voneinander existieren. Doch in diesem Fall wird von Gott gesagt und heute mit moderner Technik exakt bewiesen, dass diese Sterne miteinander verbunden sind. Das Gleiche trifft im entgegengesetzten Sinn auf das Sternbild des Orion zu, welches aus vier Trapezsternen im äußeren Bereich und drei eng nebeneinanderliegenden Sternen im Zentrum besteht. Mit bloßem Auge kann man nicht feststellen, dass diese drei zentralen Sterne sich in verschiedene Richtungen im Weltraum voneinander entfernen. Wir Menschen konnten diese Tatsache erst erkennen, als wir über entsprechende Teleskope verfügten, während Gott uns dies in seiner Allwissenheit schon vor Jahrtausenden mitgeteilt hat. Das Wort Kernspaltung kommt in der Bibel selbst nicht vor, aber der Apostel Petrus beschrieb bereits im Jahr 67 n.Chr. den Weltuntergang am Ende der Zeit. Er sagte, dass dann die Elemente oder Atome im ganzen Universum durch enorme Energie aufgelöst werden. Erst im Jahr 1938 wurde erkannt, dass man die Atome durch Kernspaltung von Uran teilen kann. Es wäre besser für die Menschheit gewesen, wenn die Wissenschaftler diese Erkenntnis niemals gewonnen hätten. Das Gleiche trifft für die Kernfusion zu, bei der aus der Materie Energie gewonnen wird, indem die Atomkerne verschmelzen. Über dieses Phänomen wird auch im 2. Petrusbrief berichtet. Im Jahr 1917 erkannten die Wissenschaftler das Phänomen der Kernverschmelzung, und nach dem Zweiten Weltkrieg wurde dann leider die erste Kernfusionswasserstoffbombe gebaut. Mit dieser Erkenntnis wurde der Menschheit absolut kein Dienst erwiesen, weil nun eine globale Zerstörung der Erde jederzeit möglich ist.

Bis ins 17. Jhd. glaubten die Menschen, dass das Licht genauso wie die Finsternis ein Zustand sei. Im alltäglichen Leben kann man ohne Hilfsmittel die Bewegung des Lichts auch nicht erkennen. Dieser Nachweis konnte erst im 17. Jhd. erbracht werden, aber im Buch Hiob wurde schon über die Lichtbewegung gesprochen. Im Jahr 1543 wurde wissenschaftlich bewiesen, dass sich die Erde frei im All bewegt. Im Buch Hiob wird jedoch bereits davon gesprochen, dass Gott die Erde über dem Nichts aufgehängt hat. Diese einfache Formulierung für das Vakuum kann auch von den Menschen der Neuzeit verstanden werden. Bis ins 17. Jhd. waren die Wissenschaftler der Meinung, dass Luft gegenstandslos sei, sie war sozusagen das Synonym für das Nichts. Durch die Anwendung des Barometers im Jahr 1643 gelang es aber, das Gewicht der Luft zu ermitteln. Der Druck, welcher durch das Gewicht der Atmosphäre erzeugt wird, ist zwar enorm groß, für die Lebewesen auf der Erde jedoch genau richtig. Ohne den Luftdruck würden wir sogar zerplatzen. In der Bibel sprach Hiob Jahrtausende vorher auch davon. Im Buch Prediger beschrieb der König Salomo bereits vor 3000 Jahren den Wasserkreislauf der Erde. Erst im 17. Jhd. wurde durch die Wissenschaft beschrieben, wie das Wasser durch die Flüsse und durch die Grundwasserströme in die Ozeane befördert wird. Täglich verdunstet durch die Sonnenenergie unvorstellbar viel Wasser, woraus dann Wolken entstehen, die in großen Mengen durch Winde über das Festland getrieben werden. Nachdem sie sich dort durch Regen entleert haben, gelangt das Wasser in Flüssen und dem Grundwasser wieder in die Ozeane. König Salomo bekam von Gott sehr viel Weisheit und so konnte er bereits zu seiner Zeit den Kreislauf des Windes von Norden nach Süden und von Süden nach Norden beschreiben. Erst 3000 Jahre später war es den Wissenschaftlern möglich, das weltweite Windzirkulationssystem der Passatwinde zu formulieren, welche nur in Süd- Nord-, jedoch nicht in West- Ost-Richtung verlaufen.

Im späten 19. Jhd. las ein Wissenschaftler in der Bibel, dass es „Wege im Meer" gibt und dass Fische solche Wege durchziehen. Deshalb erforschte er die Meere und suchte nach solchen Wegen. Schließlich entdeckte er das weltweite Netz von Strömungen in den Ozeanen, einem gigantischen Wasserkreislaufsystem, zu dem auch der Golfstrom gehört. Bis zum Jahr 1882 war die Aussage von Mose aus dem Jahr 1605 v.Chr., dass der Hase ein Wiederkäuer sei, für die Kritiker der Heiligen Schrift ein Beispiel dafür, dass sich die Bibel im Bereich der Biologie irrt. Aber dann wurde die Spezialform des Wiederkäuens bei Hasen und Kaninchen zum ersten Mal wissenschaftlich beschrieben. Diese Tiere bilden im Blinddarm weiche vitaminhaltige grüne Kügelchen, die sie nachts ausscheiden und dann sofort wieder verschlucken. Auf diese Weise können wertvolle Bestandteile der Nahrung aufgenommen werden, auch wenn sie durch die Zellulose sehr hart sind. In der Bibel werden Ernteameisen erwähnt, die Wintervorräte anlegen. Bis ins 19. Jhd. behaupteten die Wissenschaftler immer wieder, dass sich die Bibel in diesem Punkt irren würde, aber im Jahr 1880 erkannten sie, dass diese eine Ameisenart tatsächlich Vorräte in speziellen trockenen Kammern im Boden anlegt. Die Menschen glaubten außerdem eine sehr lange Zeit, dass die Samenzelle des Mannes innen wie ein kleines Menschlein aussehen würde. Sie dachten, dass dieses winzige Wesen dann im Mutterleib konstant wachse, bis es nach neun Monaten als Baby geboren würde. Dieser Irrglaube konnte erst beseitigt werden, als im Jahr 1677 durch den Einsatz eines Mikroskops männliche Samenzellen nachgewiesen werden konnten. König David sagte jedoch schon im 11. Jhd. v.Chr., dass der Mensch in seinem frühen Entwicklungsstadium im Mutterleib die Form eines Knäuels hat. Es gibt natürlich noch mehr Beispiele, aber fürs Erste soll es genügen. Ich bin der Meinung, dass man manche Menschen tatsächlich nur durch Beweise und wissenschaftliche Erkenntnisse davon überzeugen kann, dass sich die moderne Wissenschaft nicht auf dem neuesten Stand jeden Wissens befindet. Gott wusste in seiner Allmacht alles bereits vor der Entstehung der Welt. Die Menschen mussten die betreffenden Textstellen in der Bibel nur richtig interpretieren und die daraus gewonnenen Erkenntnisse in die Praxis umsetzen. Ich bin mir jedoch auch im Klaren darüber, dass selbst diese Tatsache einige nicht zum Umdenken bewegen wird. Hätte man die Heilige Schrift genauer studiert, wäre die Menschheit wahrscheinlich schon viel früher zu diesem hohen Wissensstand gelangt. Ich fand besonders die vielen Gebote interessant, die Mose im Alten Testament dem israelischen Volk weitergegeben hatte. Mir war aber nicht klar, welchen Sinn sie haben und vor allem, warum sie in der Bibel beschrieben werden. Deshalb bin ich froh, dass ich durch das Studium verschiedener Fachbücher auf so manche Erklärung gestoßen bin, die mir sehr logisch erscheint. So war zum Beispiel im Gesetz Mose vorgeschrieben, dass alle männlichen Kinder als Zeichen ihrer Zugehörigkeit zum Volk Israel am 8. Tag nach der Geburt beschnitten werden sollten. Da stellt sich uns doch automatisch die Frage, warum dies gerade an dem Tag und nicht früher oder später geschehen muss. Die Erklärung ist einfach. Nur am 8. Tag nach der Geburt hat der Mensch 110% des wichtigen Gerinnungseiweißes Prothrombin im Körper, welches das Blut bei Verletzungen dickflüssig macht, so dass die Wunde geschlossen werden kann. Erst seit dem 20. Jhd. ist in der Wissenschaft bekannt, dass in der Zeit davor und danach der Anteil des Pronthrombins niedriger ist, so dass dies der ideale Tag für eine Beschneidung ist. Eine weitere Anweisung verbot dem Volk Israel, die Felder gleichzeitig mit zwei verschiedenen Pflanzen zu besäen. Als Moses die Anweisungen gab, verstanden die Israeliten dieses Verbot sicher nicht, aber heute können wir die Situation aus der Sicht der modernen Ökologie leicht erklären. Wenn man mehrjährige Pflanzen und einjährige Pflanzen, die jedes Jahr neu gesät werden müssen, zusammen anbaut, entsteht nämlich eine zu starke Auslaugung des Bodens.

Die nächste Anordnung traf das Volk Gottes wahrscheinlich ganz besonders hart, weil es diese mit großer Sicherheit nicht nachvollziehen konnte. Sie durften die Früchte von neu gepflanzten Bäumen im Land Israel während der ersten drei Jahre nicht essen. Heute wissen wir, dass die Biomasse der Früchte, die nicht gegessen wurden, auf den Boden fiel und während der ersten drei Wachstumsjahre der Bäume wieder im Ökosystem ankam. Das führte dazu, dass sich mehr Humus bilden und mehr Wasser im Boden gespeichert werden konnte, so dass die Fruchtbäume letzten Endes viel größer und stabiler wurden und damit in den darauffolgenden Jahren höhere Ernteerträge erzielt werden konnten. Es ist den Israeliten sicher sehr schwer gefallen zuzusehen, wie die reifen Früchte von den Bäumen fielen und langsam verfaulten. Aber auch an diesem Beispiel zeigt sich, dass es besser ist, auf das Wort Gottes zu hören, auch wenn man den Sinn von bestimmten Anweisungen noch nicht versteht. Die Einhaltung der nächsten Forderung, die Gott an die Israeliten stellte, bereitete ihnen ganz besonders viele Probleme und erforderte sehr viel Vertrauen in ihren Schöpfer, weil sie ihr Leben jahrelang beeinflusste. Gott verlangte in der Thora, die Landwirtschaft in einem Sieben- Jahres- Zyklus zu organisieren. Sechs Jahre lang sollten die Israeliten die Felder bestellen und im siebten Jahr, dem Sabbatjahr, mussten die Felder brach liegen gelassen werden. Nicht nur das, alle sieben mal sieben Jahre, also alle 49 Jahre, folgte auf das Sabbatjahr das sogenannte Jubeljahr, in dem die Felder ein weiteres Jahr nicht bepflanzt werden durften. Da das Volk nicht wusste, worin die Logik dieses Gebotes besteht, brauchten sie sehr viel Vertrauen in Gott. Die moderne Ökologie kann heute natürlich erklären, dass die Ruhejahre zu einer Regeneration und Erholung des Bodens führten. Durch die Wiederauffüllung der Humusschicht konnten in den darauffolgenden Jahren sehr viel größere Ernteerträge erzielt werden.

Gott hätte seinem Volk die Erklärung für die Anweisungen gleich mitteilen können, aber hier ist es wie bei allem, was mit dem Schöpfer zu tun hat. Er möchte, dass wir ihm vertrauen, gehorchen und dass wir ihm im Glauben folgen. Mir war lange Zeit nicht klar, warum die Juden nur das Fleisch ganz bestimmter Tiere essen dürfen. Es drängte sich automatisch die Frage auf, ob wir Christen Gott nicht so wichtig sind, weil wir uns an diese Anweisungen nie gehalten haben. Aber nach dem Lesen der folgenden Erklärungen erkannte ich, dass es sich hier um zeitliche und vor allem lokale Besonderheiten handelt. In den Apostelgeschichten wird dieses Thema kurz aufgegriffen, als Petrus eindeutig erklärte, dass die Menschen anderer Nationen, die sich später zum Christentum bekehrten, so von Gott akzeptiert werden, wie sie sind. Das schließt ihre Essgewohnheiten mit ein. Den Israeliten war es jedoch nicht erlaubt, andere Säugetiere als wiederkäuende Paarhufer zu essen. Die Begründung ist ganz simpel. Ziegen, Schafe, Rinder usw. brauchen Futter, das für die Menschen als Nahrung unbrauchbar ist. Besonders wichtig ist dieser Fakt, wenn wenig Nahrung zur Verfügung steht. Schweine dagegen fressen alles, was die Menschen auch essen. Außerdem weiß man heute durch die moderne Wissenschaft, dass wiederkäuende Tiere weniger anfällig für Krankheitserreger sind als viele andere Säugetiere. Es ist auch deshalb besonders im Nahen Osten wichtig, dass auf solche Tiere wie Schweine als Nahrung verzichtet wird, weil dort durch das heiße Klima die Ausbreitung von Krankheitserregern schneller erfolgt. Das ist der wahre Grund für diese Ernährungsweise. Außerdem war es den Israeliten erlaubt, alle Fische, jedoch keine Frösche und andere Amphibien, als Nahrungsmittel zu verwenden. Dadurch waren diese Tiere geschützt, und die Menschen konnten nicht so schnell an Malaria erkranken. Denn Frösche fressen die Mücken, die diese furchtbare Krankheit übertragen können.

Geschützte Vögel durften auch nicht verspeist werden, da diese Aasfresser die Nährstoffe von dem verzehrten verdorbenen Fleisch in den ökologischen Kreislauf zurückführen. Ratten und Mäuse fressende Vögel waren ein Schutz vor der Pest, da gerade diese Nagetiere Pestbakterien verbreiten. Und nicht zu vergessen sind auch die Vögel, die die Heuschrecken fressen, die als Plage von Ostafrika kommen und Israel immer wieder gefährden. Moses teilte den Israeliten weiterhin mit, dass es verboten sei, während des Krieges und danach die ökologische Umwelt zu zerstören und die Bäume abzuholzen. Da andere Nationen dieses Gebot nicht befolgten und ganze Landstriche dem Boden gleich machten, entstanden oft unbewohnbare Wüsten. Als Folge gab es dann verheerende Hungersnöte in der Bevölkerung. Das Gebiet des heutigen Israel war bis zur Wiederbesiedelung durch die Juden ab dem 19. Jhd. öde und unbewohnt. Deshalb konnten die ersten neuen Siedler anfangs auch ohne große Mühe Land erwerben. Das sieht heute ganz anders aus. Ehemals unwirtliche Gegenden verwandelten die Siedler in blühende und fruchtbare Landschaften. Da ist es kein Wunder, dass muslimische Palästinenser heute auch gerade dieses Land besitzen möchten. Wenn es jetzt in Israel noch so aussehen würde wie vor der Rekultivierung, wäre das Interesse sicher sehr viel geringer. Die nächsten Gebote beziehen sich auf den Bereich der Hygiene. Es geht in diesen Regeln vor allem darum, wie das Entstehen von Krankheiten durch Bakterien vermieden werden kann. Als ich die Gebote Mose studierte, fragte ich mich tatsächlich, was Hygienevorschriften im Buch der Bibel zu suchen hätten. Mir war zu diesem Zeitpunkt jedoch nicht bewusst, dass wir heute über einen völlig anderen Wissensstand verfügen und deshalb über solche profanen Dinge gar nicht mehr nachdenken. Im Gesetz steht zum Beispiel, dass durch den Kontakt von toten Tieren mit Gebrauchsgegenständen und Kleidern diese Dinge verunreinigt werden. Durch das Waschen mit Wasser können sie jedoch wieder gesäubert werden. Der tote Körper eines Tieres enthält giftige und sehr schädliche Bakterien, die durch die Reinigung der Gegenstände, mit denen diese Schädlinge in Berührung gekommen sind, zum Glück beseitigt werden können. Ein mit Wasser gefülltes Tongefäß, in das ein totes Tier hineingefallen war, musste aber zerstört werden. Dieses Verbot erschien mir unlogisch, aber nun weiß ich, dass sich die Körperflüssigkeiten toter Tiere tief in den Poren eines Tongefäßes festsetzen können. Deshalb musste dieses Gefäß unbedingt unbrauchbar gemacht werden. Noch spannender finde ich die Aussage, dass beim Kontakt von Aas mit Saatsamen keine Verunreinigung entsteht, es sei denn, diese Samen sind davor mit Wasser in Berührung gekommen. Bevor im 19. Jhd. die Bakterien entdeckt wurden, konnte man dieser Aussage Gottes nur Vertrauen schenken. Normalerweise können Bakterien nämlich Samen nicht infizieren, weil diese dafür zu trocken sind. Doch wenn man Samen wässert und sie dadurch keimen lässt, kommt es beim Kontakt mit Aas innerhalb von Stunden zu einer Infektionskatastrophe.

Das israelische Volk erhielt weiterhin die Anweisung, die Notdurft während der Wüstenwanderung außerhalb des Zeltlagers zu verrichten und die Exkremente mit einer Schaufel zu vergraben. Durch diese Anweisung wurde das Entstehen schlimmer Seuchen, wie zum Beispiel Typhus, Cholera und Ruhr, vermieden. In Europa verfügten die Menschen bis zum Anfang des 20. Jhd. nicht über diese Kenntnisse, so dass bis dahin in Militärlagern mehr Soldaten gestorben sind als auf dem Schlachtfeld. Hätte man für den Umgang mit Fäkalien Informationen aus der Bibel genutzt, dann hätten viele Menschen vor dem Tod bewahrt werden können. Ein weiteres Gebot besagt, dass der direkte Kontakt mit einer menschlichen Leiche gesunde Menschen verunreinigt. Durch das Waschen im Wasser konnte man jedoch wieder sauber werden. Erst im 19. Jhd. wurde dieses Gebot auch im Alltag der allgemeinen Wissenschaft angewendet, wodurch in der Folge viel weniger Frauen am Kindbettfieber starben. Vorher hatten die Ärzte oft an Toten geforscht und sich nicht die Hände gereinigt. Wenn sie dann zu einer Entbindung gerufen wurden, wurden die tödlichen Keime auf die Wöchnerin übertragen. Es hat eben weitreichende Folgen, wenn man das Wort Gottes ignoriert. Die Israeliten wurden angewiesen, sich selbst und auch ihre Kleider und Gebrauchsgegenstände regelmäßig durch das Waschen in ihren Ritualbädern zu reinigen. Hygienevorschriften, die so befolgt wurden, waren in Europa bis in die moderne Zeit nicht bekannt, was bei den Menschen zu vielen Krankheiten führte. Während der Pestepidemie im 14. Jhd. starben in Europa etwa 25 Mill. Menschen. Bei den Juden gab es jedoch die wenigsten Opfer, weil keiner die Körperhygiene so wichtig nahm wie sie. Als die anderen erkannten, dass viel weniger Juden an der Pest starben, wurden diese beschuldigt, die Pest durch das Vergiften der Brunnen ausgelöst zu haben. Daraufhin wurden etwa eine Million Juden in Europa ermordet. Mose ließ sich beim Verfassen der fünf Bücher nur von Gott leiten, was man daran erkennen kann, dass er die ihm überlieferten Weisheiten, die er am Hof des Pharaos erhielt, nicht vollständig übernahm. Das ist aus menschlicher Sicht völlig unlogisch, da Ägypten damals die führende Zivilisation der ganzen Welt war. Dieses Land verfügte demzufolge über die am weitesten entwickelten Kenntnisse der Wissenschaft. Moses konnte also die fehlerhaften Erkenntnisse der Ägypter erkennen und übernahm deshalb falsche Weisheiten nicht in die Bibel. Das ist der Grund dafür, dass das heilige Buch zum Glück keine dieser medizinischen Irrtümer beinhaltet.

An der Tatsache, dass so viele wahre Fakten bereits in der Bibel niedergeschrieben wurden, können wir eindeutig erkennen, dass dieses Buch von Gott inspiriert wurde. Während die Erkenntnisse der Wissenschaft ständig korrigiert wurden, trifft das auf die Bibel nicht zu. Sie wurde nie verändert oder angepasst und behielt durch die Jahrtausende hindurch immer Recht. Es hätte sich für viele Menschen wirklich sehr gelohnt, wenn sie Gottes Worten vertraut hätten und seinen Anweisungen gefolgt wären, auch wenn sie die Gebote nicht verstehen konnten. An den wissenschaftlichen Erklärungen in der Bibel kann man also auch erkennen, dass nur Gott allwissend ist. Dem Schöpfer ging es beim Diktieren all dieser Vorschriften vor allem darum, dass wir Menschen ihn erkennen, ihm vertrauen und seinen Anweisungen folgen. In der Bibel finden wir die Antworten auf die wesentlichen Fragen unseres Lebens. Es geht also im Grunde genommen darum, die in der Bibel aufgestellten Gebote zu befolgen. Gott hat sie uns nicht gegeben, um uns zu drangsalieren, sondern hinter jeder Anweisung steckt ein tiefer Sinn. Auch wenn wir nicht sofort erkennen können, warum wir auf eine bestimmte Weise handeln sollen, ist es immer vorteilhaft für uns, wenn wir die Gebote befolgen. Gott würde nie eine Regel aufstellen, die unsinnig ist. Das haben sogar die Atheisten und Humanisten erkannt, denn sie haben einen Großteil der zehn Gebote ins Grundgesetz übernommen. Sie bezeichnen ihre eigenen Regeln zwar als ethische Grundnormen des Zusammenlebens, aber diese Normen sind überwiegend identisch mit den Geboten, die schon vor Jahrhunderten von Moses aufgeschrieben wurden. Ungläubige denken, dass sich diese Normen und Regeln von selbst entwickelt haben, damit für die Menschen ein unproblematisches Zusammenleben in der

Gemeinschaft möglich ist. Bei diesem Gedankengang ignorieren sie jedoch, dass ihnen das Gefühl für Gerechtigkeit von Gott eingegeben wurde. Wenn die Menschen nicht nach den Regeln der Heiligen Schrift handeln, dann sind Probleme vorprogrammiert. Wer jedoch ein glückliches und ausgefülltes Leben mit der Familie, Freunden und Bekannten führen möchte, kann sich Ratschläge in der Bibel holen. Die Anweisungen, die ein friedliches Zusammenleben betreffen, können alle verstehen, aber die Bibel allgemein ist für viele Ungläubige sehr schwer oder gar nicht zu entschlüsseln. Diese Situation ändert sich in dem Moment, wenn man sich zu Jesus bekehrt hat. Dann hilft der Heilige Geist, den Inhalt der Bibel zu begreifen. Wir sollen uns aber nicht darauf verlassen, dass er uns zu jeder Zeit die richtige Lösung für unsere Probleme geben wird. Das wäre zu einfach und würde nicht seiner Entscheidung und seinem Willen entsprechen, uns als selbstbestimmte Individuen mit einem freien Willen zu erschaffen. Aber es ist sehr hilfreich für uns, wenn wir ihn öfter darum bitten, uns den Weg zu weisen, den er für uns erwählt hat. Wenn wir nämlich diesem Weg folgen, werden wir merken, wie seine Segnungen wirksam werden. Ich selbst bitte sehr oft um Weisungen, weil ich mir nicht immer sicher bin, ob die Dinge, die ich für mich und meine Umwelt entscheide, auch wirklich richtig und in seinem Interesse sind. Aber obwohl ich ziemlich oft keine eindeutige Anleitung besitze, gehe ich trotzdem davon aus, dass mein Handeln wohl doch in seinem Sinn sein wird. Wäre das nicht der Fall, dann würde er mich durch den Heiligen Geist daran hindern, bestimmte Dinge zu tun.

Ungläubige Menschen denken oft, dass Christen keinen eigenen freien Willen mehr besitzen. Das ist ein gewaltiger Irrtum. Alle Menschen, egal ob Ungläubige oder Gläubige, besitzen ihr ganzes Leben lang die Gabe der freien Entscheidung. Ehrlich gesagt, ich würde mich wahrscheinlich auch nicht ganz wohl in meiner Haut fühlen, wenn ich wüsste, dass ich gar nichts mehr aus mir selbst heraus tun könnte. Wäre das der Fall, dann hätte uns Gott doch gleich ohne Willen erschaffen können, und dann wäre der Opfertod Jesu nicht nötig gewesen. Einige Christen können sogar Zeichen für die Zukunft deuten, weil Gott ihnen Offenbarungen gibt. Aber für alle bekehrten Christen trifft folgendes zu. Wer sich von Gott in seinem Leben führen lässt, wird merken, dass er sich vor nichts und niemandem mehr zu fürchten braucht, weil der Herr uns hilfreich zur Seite steht. Diese Menschen leben ruhiger, weil sie wissen, dass ihnen von anderen keine Gefahr droht. Deshalb tun sie oft Dinge, die sie sonst aus Angst vor Repressalien nicht wagen würden. Selbst ich bin mutiger geworden, obwohl ich schon zwei Mal in kürzester Zeit wegen Verleumdung vor Gericht verklagt werden sollte. Dass meine Widersacher es jedes Mal am Ende doch nicht gewagt haben, ist ein Zeichen dafür, dass ich von Gott beschützt werde. Solche Personen schrecken sonst vor nichts zurück, weil sie der Meinung sind, dass sie keiner zu Fall bringen kann, weil sie in höheren Positionen tätig sind oder einen großen Einfluss auf andere haben. Aber genau darin liegt der Irrtum. Gott kennt alle ihre Sünden und weiß, wann der richtige Moment gekommen ist, um der Willkür ein Ende zu setzen. Unehrlichkeit hat sich noch nie ausgezahlt, und die meisten Fälle werden sowieso aufgedeckt. Wer heute glaubt, ein Leben lang durch Betrügereien durchs Leben zu kommen, der wird eines Tages die Rechnung für die Arroganz und Ignoranz gegenüber anderen bekommen. Ich weiß ganz genau, dass das Gute siegen wird, weil Gott die Gesetzlosen und die Ungerechtigkeit hasst und deshalb auch mir zur Seite steht. Diese Zuversicht gibt mir jeden Tag die Kraft, durchzuhalten und nicht aufzugeben.

Was wird in der Bibel über die Endzeit berichtet?

Wir leben bereits in der Endzeit. Da diese Erkenntnis für alle Menschen sehr wichtig ist, möchte ich unbedingt noch auf dieses Thema eingehen. Viele Christen sagen, dass wir jetzt in den letzten Jahren unserer Zeit leben und stützen sich bei ihren Ausführungen auf die entsprechenden Aussagen in der Bibel. Ich habe auch einige Bücher der Heiligen Schrift seit dem November 2011 öfter gelesen, besonders diejenigen, die über die Zeit berichten, die noch vor uns liegt. Die Propheten haben schon vor Jahrhunderten von Gott erfahren, wie es in der Endzeit aussehen wird. Das finde ich persönlich sehr faszinierend, weil es so präzise Vorhersagen in keinem anderen Buch der Welt gibt. In dem Zusammenhang wird sehr oft von Spekulationen und Interpretationen von Bibelstellen geredet, aber meistens sind diese Ausführungen so präzise, dass sie gar nicht mehr interpretiert werden müssen. Der letzte Abschnitt der Menschheitsgeschichte beginnt eigentlich schon im Jahr 70 n.Chr. Bereits Moses hatte angekündigt, dass das Volk Israel wegen seines Ungehorsams Gott gegenüber in die ganze Welt zerstreut werden würde. Tatsächlich wurde das jüdische Volk nach der Zerstörung des zweiten Tempels in Jerusalem als Resultat des Großen Jüdischen Krieges gegen die Römer, die damals über Judäa regierten, im Jahr 70 n.Chr. im eigenen Land zerschlagen und auf die ganze Erde verteilt.

Moses hatte die Verbreitung des Antisemitismus überall auf der Erde ebenfalls vorausgesagt. Die Judenfeindlichkeit der Menschen hat Judenhass, Judenfeindschaft und sogar Judenverfolgung zur Folge. Bereits seit der Antike wurde das jüdische Volk tatsächlich verfolgt und gehasst, weil es den einen, einzigen Gott anbetet, ihm aber ungehorsam war und bis heute teilweise noch ist. Vor fast 2600 Jahren wurde jedoch Hesekiel, einem Propheten, der von 592 v.Chr. bis 570 v.Chr. im babylonischen Exil lebte, von Gott eine Prophezeiung über die Rückkehr der Juden in ihr Land gegeben. Im gesamten Kapitel 37 wird die Wiederherstellung Israels vorausgesagt. Auch der Prophet Jeremia kündigte an, dass eine große Gemeinde nach Israel zurückkehren würde. Von 70 n.Chr. bis zum 19. Jhd. lebte das jüdische Volk jedoch erst einmal überall in der Welt, behielt aber seine nationale Identität bei. So etwas ist im Normalfall nicht möglich, weil sich die Menschen in ihrer neuen Umgebung assimilieren und damit ihre ursprüngliche Identität aufgeben. Das jüdische Volk ist das einzige Volk dieser Welt, das trotz all der Verfolgung als solches erhalten blieb. Schon das allein zeigt, dass es Gottes auserwähltes Volk ist, das er nie verlassen und bis in die Gegenwart beschützt hat. Die erste Masseneinwanderung der Juden auf das Gebiet des heutigen Israel erfolgte von 1882 bis 1903 hauptsächlich aus Russland. Weitere folgten vor allem aus Polen und Deutschland. Aber auch nach der Gründung des Staates Israel ließ der Zustrom von jüdischen Zuwanderern nicht nach. Von 1948 bis 1952 kamen die Einwanderer vor allem aus europäischen und arabischen Ländern und ab 1989 verstärkt aus der ehemaligen Sowjetunion nach Israel. Der Massenzustrom der Juden aus der ganzen Welt hält bis zum heutigen Tag an, obwohl es in Israel nicht immer sicher ist. Jesaja war einer der ersten Propheten, der von 740 v.Chr. bis 686 v.Chr. in Judäa lebte und predigte. Er sagte bereits voraus, dass der neue israelische Staat an einem einzigen Tag entstehen würde. Nachdem die Israeliten nach und nach in ihr Land zurückgekehrt waren, wurde am 14.05.1948 der Staat Israel gegründet. Woher konnte Jesaja das damals schon wissen? Dieses Ereignis ist einmalig in der Menschheitsgeschichte und wird sich auch nie wiederholen, weil es Gottes Wille ist, dass sein Volk in das Land der Väter zurückkehren und dieses als sein Eigentum besitzen wird.

Für die letzten Jahrzehnte unserer Zeit wurden verstärkt Kriege und Unruhen und die Zunahme von Naturkatastrophen prophezeit. Es gibt seit 2010 erschreckend viele Kriege, Aufstände und Terroranschläge in der Welt. Wir leben in einer Zeit der Prüfung und Unterdrückung von bekehrten Christen, aber auch ihres Sieges über die Macht des Bösen. Kriegerische Auseinandersetzungen haben vor allem im arabischen Raum seit dem „Arabischen Frühling" extrem zugenommen. Ausgelöst wurde er durch die Revolution in Tunesien im Dezember 2010. Seitdem folgten viele Proteste, Aufstände und Revolutionen in den meisten arabischen Ländern, die sich gegen die diktatorischen Regime in diesen Ländern richten. Betroffen waren und sind Staaten im Nahen Osten und in Nordafrika. In den Ländern Tunesien, Libyen, Ägypten und im Jemen wurde das Staatsoberhaupt gestürzt, und in Marokko, Jordanien und Kuwait wurde die Regierung umgebildet. Massenproteste und Unruhen gab es auch im Irak, im Oman, im Sudan, in Algerien, Mauretanien, Dschibuti und sogar in Saudi- Arabien. Am schlimmsten betroffen sind die Menschen in Syrien, wo seit Jahren Bürgerkrieg herrscht. In der Bibel steht geschrieben, dass Damaskus fallen wird und dass sich in Ägypten die Menschen gegenseitig bekämpfen werden. Wir sind heute Zeuge dieser Prophezeiungen, zumindest vorerst über die Ereignisse in Ägypten. Die Macht des Bösen ist vorläufig auf dem Vormarsch. Zum Glück kommt am Ende der Zeit Jesus auf die Erde zurück, um uns von diesem Terror zu befreien. Es wurde auch vorausgesagt, dass Naturkatastrophen zunehmen würden. Die Schweizerische Rückversicherungsgesellschaft berichtete am 06.09.2012, dass sich Schäden, die durch Überschwemmung entstanden sind, in den letzten zehn Jahren mehr als verdoppelt haben und dass rund 500 Mill. Menschen von Überschwemmungen betroffen sind. Auch Erdbeben nehmen in Häufigkeit und Stärke zu. Während es zum Beispiel im Jahr 2000 in den USA noch 2342 Erdbeben gab, waren es im Jahr 2010 bereits 8493. Ungefähr 600.000 Tote waren in den letzten Jahren als Folge von Umweltkatastrophen weltweit zu beklagen, die jährliche Anzahl ist steigend. Im Vergleich der 90er Jahre mit den 60er Jahren haben Ereignisse, die durch Naturkatastrophen hervorgerufen wurden, um sagenhafte 220% zugenommen und volkswirtschaftliche Schäden sogar um 760%.

So richtig interessant sind jedoch die Ereignisse, die im Folgenden beschrieben werden, da sie erst in den kommenden Jahren stattfinden werden. Menschen können solche Dinge nicht voraussagen. Deshalb wissen wir, dass der Herr uns diese Informationen gegeben hat. Deutschland genießt so viel Gnade von Gott, weil die beiden deutschen Regierungen nach dem Zweiten Weltkrieg das Verhalten der Nationalsozialisten und den Genozid an den Juden öffentlich verurteilt und aufrichtig bereut haben. Gott hat diese Buße angenommen und unser Land sogar mit Gnade überschüttet. Wir sind heute eines der reichsten Länder der Welt. Wenn wir auch weiterhin zu Israel stehen, dann werden wir als wirtschaftlich stabiles Volk bestehen bleiben. Wenden wir uns jedoch von Israel ab, dann erlangt uns das gleiche Schicksal wie andere Länder. In der Endzeit kommt es zum Abschluss eines siebenjährigen Friedensvertrages zwischen dem Staat Israel und den arabischen Ländern, der vom Antichristen initiiert wird. Durch dieses Ereignis wird die Phase der letzten Jahre der Endzeit eingeleitet. Zum Zeitpunkt der Unterzeichnung des Friedensvertrages ist der Antichrist eine politische Schlüsselfigur in Europa. Er hat die Autorität und die Möglichkeiten, die angespannte kriegerische Situation im Mittleren Osten zu beenden. Der Antichrist verpflichtet sich vertraglich, die Juden vor ihren Feinden zu beschützen, damit sie den dritten Tempel auf dem Tempelberg bauen und den Opferdienst wieder aufnehmen können. Die jüdischen Führer werden deshalb mit Freuden in diesen Vertrag einwilligen. Im Buch der Offenbarung wird Satan als der Drache und der Antichrist, der seine politische Macht auf der ganzen Welt ausbreiten wird, als das Tier bezeichnet. Gott sieht in diesen Menschen durch ihr Verhalten nichts anderes als Tiere, deshalb bezeichnet er sie auch als solche. Der falsche Prophet ist der religiöse Vertreter, der dem Antichristen in diesem Bereich behilflich sein wird. Der Prophet Daniel, der bereits von 605 v.Chr. bis 510 v.Chr. zuerst in Judäa und später im babylonischen Exil lebte, sagte voraus, dass es zu dieser Zeit zehn aktive Staaten geben wird, die den Kern eines Staatenbündnisses bilden. Diese Union wird das wiederbelebte Römische Reich sein, und sie arbeitet mit dem Antichristen zusammen. Anfangs werden sich diese zehn Staaten sogar gegen den Antichristen auflehnen. Aber er wird die Rebellen mit militärischer Macht niederschlagen und drei Staaten besiegen. Danach übertragen die zehn Staaten ihm die Macht. Ab diesem Zeitpunkt wird der Antichrist mit ihnen als Zentrale sieben Jahre lang die Welt regieren, bis er nach dem zweiten Kommen Jesu mit all seinen Armeen besiegt wird.

Während die Welt schon immer Krieg und Verwüstung kannte, wird am Ende des Zeitalters eine Zeit schrecklichster Leiden kommen. In den letzten Jahren der Endzeit wird es 21 schwere bis schwerste Naturkatastrophen geben, das bedeutet, dass alle vier Monate solch ein Ereignis eintrifft. Ein Drittel der Vegetation wird durch Hagel und Feuer vernichtet, ein Drittel der Meereslebewesen wird nach einem riesigen Vulkanausbruch getötet, ein Drittel aller Flüsse und Quellen wird vergiftet, was zum Tod vieler Menschen führt, ein Meteorit fällt auf die Erde, und es kommt eine Heuschreckenplage. Ausschlag wird die Menschen quälen. Riesige Hagelkörner werden vom Himmel fallen. Durch den Zusammenstoß von einigen Himmelskörpern wird ein Drittel des Lichts der Sonne und der Sterne verloren gehen. Es werden außerdem zwei Propheten kommen, die vom Beginn bis zur Mitte der siebenjährigen Endzeit in Jerusalem Zeugnis für Jesus ablegen. Sie werden jedoch getötet. Menschen auf der ganzen Welt werden durch das Fernsehen und das Internet erfahren, dass die Leichen der zwei Zeugen in den Straßen von Jerusalem liegen. Es wird in der Folgezeit einen Krieg zwischen Israel und den Ländern des Nordens geben. Der Führer dieses Heeres, das gegen Israel zieht, heißt Gog. Er herrscht über ein Land, das den Namen Magog trägt, d.h. „Land von Gog". Wie wird Gott die Angreifer vernichten? Zuerst bricht ein Erdbeben über sie herein, das von einer solchen Stärke sein wird, dass man es rund um den Globus wahrnehmen kann. Durch die enormen Erschütterungen in Israel wird das feindliche Heer in Panik ausbrechen und die Soldaten werden sich gegenseitig töten. Dann wird Gott das Land mit Regen überschwemmen und die Feinde Israels mit Hagel, Feuer und Schwefel vernichten. Nachdem auch noch die Pest über die Soldaten gekommen sein wird, ist die Invasion beendet. Es bleiben so viele Leichen auf dem Schlachtfeld zurück, dass man sieben Monate brauchen wird, um sie alle zu begraben. Wichtig ist die Frage, warum dieser Krieg überhaupt so verlaufen wird. Nach all diesen Ereignissen wird Israel Gott erkennen und sich wieder zu ihm bekennen. Wo wird der Friedhof für dieses riesige Heer toter Soldaten sein? Die Gräber werden sich an einem Ort in Israel befinden, den die Menschen zur Durchreise nutzen. Die zahllosen Bestattungen dort werden den Verkehr beeinträchtigen und sogar die Straßen versperren.

Warum wird der Antichrist nichts gegen diese Invasion unternehmen, obwohl er doch den Friedensvertrag mit Israel kurz zuvor unterschrieben hat, in welchem er sich verpflichtete, das Land zu beschützen? Er wird wahrscheinlich die Krise nutzen, um seine eigenen Ziele zu verfolgen. Letzten Endes hatte er Israel den Schutz ja nur deshalb zugesagt, weil er eines Tages Macht über die ganze Welt haben will. Nach einer relativen Friedenszeit von 3,5 Jahren wird der Antichrist den Vertrag brechen, den Tempel beschlagnahmen, sein eigenes Standbild darin aufstellen und die Menschen der ganzen Welt zwingen, ihn anzubeten. Das ist der Gräuel der Verwüstung, von dem Jesus sprach und der den Mittelpunkt der Endzeit markiert. Der Antichrist wird sich nun als Weltdiktator offenbaren. Jeder Mensch auf der Erde, der den Antichristen dann nicht als Gott anbetet, wird von seiner Weltregierung getötet werden. Alle Menschen müssen das Zeichen vom Antichristen auf der rechten Hand oder auf der Stirn tragen, ohne das keine Finanzaktionen mehr möglich sein werden. Wahrscheinlich muss man einen Chip unter der Haut tragen, damit man z.B. die Miete oder das Essen bezahlen kann. Der falsche Prophet tut Wunder, er wird den Propheten Elia imitieren. Er lässt auch Feuer vom Himmel auf die Erde fallen. Es wird ein Attentat auf den Antichristen geben, bei dem der Antichrist zwar tödlich verletzt wird, aber durch finstere Mächte wieder auferstehen kann. Deshalb werden viele denken, dass er Jesus ist. Danach wird ein Arm verkümmert und ein Auge blind sein. Nach der Wiederauferstehung des Antichristen verführt der falsche Prophet die Menschen dazu, den Antichristen als Gott anzubeten. Der Antichrist wird eine Weltreligion für alle festlegen und eine totale Kontrolle ausüben. Jesus wird vor Beginn der Schlacht von Armageddon zum zweiten Mal auf die Erde kommen. Trotz der vielen Plagen, die Gott auf die Erde geschickt hat, lehnt die Mehrheit der Menschen Gott und Jesus weiterhin ab. Deshalb wenden sich beim zweiten Kommen sowohl die Armeen vom Antichristen als auch das 200 Mill. Heer aus dem Osten im Kampf gegen Jesus. Wenn Jesus bei seinem zweiten Kommen auf die Erde seine Füße auf den Ölberg in Jerusalem setzen wird, wird es ein gewaltiges Erdbeben geben. Danach besiegt er die Feinde in der Schlacht von Armageddon.

Seit der Machtübernahme in Ägypten gibt es keine Nachbarstaaten Israels mehr, die diesen Staat nicht auslöschen und Jerusalem für sich beanspruchen wollen. Bei der Schlacht von Armageddon geht es Satan und den von ihm geführten Armeen darum, die Juden zu vernichten und Jesus zu besiegen. Ein Drittel der gesamten Menschheit wird in diesem Krieg getötet. Der Fluss Euphrat trocknet aus, bevor das Heer vom Osten gegen Israel ziehen kann. Viele Nationen dieser Welt werden dann gegen Israel ziehen. Die Streitkräfte des Ostens werden in der Ebene Jesreel auf die Heere des Antichristen treffen und dort die Schlacht von Armageddon führen. Wenn sich die riesige Armee des Ostens aufgestellt hat, um die Streitkräfte des Antichristen in Israel anzugreifen, wird das Zeichen des wiederkommenden Sohnes Gottes am Himmel zu sehen sein. Die verfeindeten Armeen werden sich vereinigen, um gemeinsam gegen Jesus zu kämpfen. Der Herr besiegt jedoch sowohl die Heere aus dem Norden als auch die aus dem Süden. Der

Antichrist und der falsche Prophet werden gefangen genommen und kommen für immer in die Hölle. Satan, der Drachen, wird für 1000 Jahre eingesperrt. Am Ende dieser Zeit wird das neue Reich Gottes errichtet. Für viele Menschen klingt das alles wie ein billiges Märchen. Sie werden bis zum Schluss nicht akzeptieren, dass Gott uns diese Informationen gegeben hat, damit wir vorbereitet sind. Selbst wenn diese Prophezeiungen in den nächsten Jahren haargenau so eintreffen, wird eine Menge Ungläubiger dies als Zufall bezeichnen. Es bleibt ja auch jedem selbst überlassen, ob er letzten Endes durch persönliche Fügungen im Leben oder durch die Erkenntnis, dass Gott sich auch durch Prophezeiungen offenbart, zu ihm findet.

Was passiert mit uns heutzutage?

Der nachfolgende Text klingt für viele sicherlich ungewohnt, aber ich denke, dass es die Wahrheit ist. Wer sich ein bisschen mit der Weltpolitik beschäftigt, dem fällt auf, dass nicht jede Erklärung, die uns die Medien geben, schlüssig und einleuchtend ist. Ich bin auch heute noch davon überzeugt, dass die Gründung Israels am 14.05.1948 Gottes Wille war, weil er dies so in der Bibel vorhergesagt hat. Aber der Herr bedient sich bei der Erfüllung seiner Pläne natürlich auch der Menschen, die im Grunde genommen völlig andere Ziele verfolgen. Seit dem Ende des Zweiten Weltkrieges sind viele Dinge passiert, aber meiner Meinung nach war nichts so gravierend wie das, was zurzeit in der Welt vor sich geht. Da stellt sich mir automatisch die Frage, ob es nicht eine Stelle gibt, die die zentralen politischen Entscheidungen trifft. Konkret habe ich folgende Fragen:

1. Warum kommen all die Flüchtlinge seit September 2015 in so großer Zahl nach Europa, obwohl der Bürgerkrieg in Syrien nun schon seit Jahren dauert und es in Afrika schon immer unmenschliche Regime gab?

2. Wer verbreitete in den Flüchtlingslagern im Libanon, in der Türkei und in Jordanien und auch in Syrien und im Iran die Falschmeldung, dass jeder Flüchtling in Deutschland ein Haus und ein Auto geschenkt bekommt? (Diese Filme existieren wirklich. Auch bei uns in Sachsen- Anhalt sind Flüchtlinge aus Syrien angekommen, die sehr enttäuscht waren, weil sie während des Asylverfahrens in ein Wohnheim ziehen mussten. Davon mal abgesehen, dass niemand, der einen klaren Verstand hat, solche Versprechen glauben sollte, kann ich die Reaktion der Leute schon verstehen. Der Mensch will halt immer das glauben, was ihm am meisten gefällt.)

3. Wie ist der IS entstanden? Er kam ja sozusagen über Nacht ans Tageslicht. Es muss jedoch Jahre gedauert haben, eine solche Organisation aufzubauen. Und das wollen die internationalen Geheimdienste nicht gemerkt haben?
4. Wer finanziert all die modernen Waffen und Fahrzeuge des IS? Welches Ziel verfolgt dieser Geldgeber? Wer hat den Aufbau des Schleppernetzwerkes organisiert und finanziert?
5. Wieso brauchten die USA und Russland so lange, um solch eine kleine Organisation wie den IS vollkommen zu zerstören?
6. Ist eine Person wie Frau Merkel wirklich in der Lage, allein die Weltpolitik so zu beeinflussen, dass sich in Europa das Klima dermaßen verändert? Sie ist schließlich Wissenschaftlerin und weiß, welche Folgen bestimmte Aussagen haben müssen.
7. Wie wird die Weltmacht mit der dazugehörigen Weltpolitik entstehen, die für die letzten Tage der Endzeit in der Bibel vorausgesagt wird? Welche Ziele verfolgt diese Weltmacht mit dem Antichristen als Kopf des Ganzen?
8. Woher soll der Antichrist kommen? Wer setzt ihn in seine Position?

Ich habe natürlich noch weitaus mehr Fragen, aber diese acht Fragen beziehen sich auf die aktuelle Weltpolitik. Genauso wenig glaube ich daran, dass der Terroranschlag auf das World Trade Center von islamistischen Terroristen verübt wurde. Ein Flugzeug hätte niemals solch ein Gebäude zum Einsturz bringen können. Viele Menschen haben sich seitdem mit dieser Frage beschäftigt und sogar Beweise dafür geliefert, dass es aus technischer Sicht unmöglich ist, solch ein Gebäude so einfach durch zwei Flugzeuge zu zerstören. Außerdem gibt es in den USA mehrere Geheimdienste, die nicht bemerkt haben wollen, dass zwei Flugzeuge im Anflug waren? Fragen über Fragen, auf die wir von offizieller, staatlicher Seite nie eine Antwort bekommen werden. In verschiedenen Texten wird beschrieben, wie die Weltpolitik heute schon tatsächlich bestimmt wird und was die Großbanker unternehmen, um ihr Ziel, die Eine Welt Regierung, in den nächsten Jahren in die Realität umzusetzen. In der Bibel steht geschrieben, dass Jesus den Antichristen besiegen muss, weil sonst Satan alles zerstören und die Menschheit auslöschen würde. Die wahre Gefahr für die Menschheit sind nicht die Religionen, sondern Satan selbst. Er nutzt für seine Ziele die wenigen machtgierigen Finanzoligarchen, die die Welt nach ihren eigenen Vorstellungen gestalten wollen. Die Macht dieser wenigen Familien hat gegenwärtig nahezu alles fest in der Hand. Heute ist Demokratie die Fassade der Plutokratie (Geldherrschaft der politischen Macht). Weil die Völker nackte Plutokratie nicht dulden würden, überlassen ihnen die Finanzoligarchen die nominelle (nur dem Namen nach) Macht, während die faktische (wirkliche) Macht in den Händen der Plutokratie ist. In republikanischen wie in monarchischen Demokratien sind die Staatsmänner Marionetten, die Finanzoligarchen sind die Drahtzieher. Sie diktieren die Richtlinien der Politik, sie beherrschen durch die Beeinflussung der öffentlichen Meinung die Wähler und durch geschäftliche und gesellschaftliche Beziehungen die Minister. Und das ist bereits seit Jahrtausenden so, denn Geld regiert die Welt. Aber heute hat dieses Gesetz und seine wahren Machthaber durch den Militärisch- Technischen Komplex, börsennotierte Söldnerheere, Technologie und Wissenschaft ganz andere Möglichkeiten, als noch vor ein paar Jahren. Im Grunde genommen entscheiden nur wenige Familien über das Weltgeschehen: das sind zum Beispiel die Familien Goldman Sachs, Rockefeller, Lehman, Kuhn- Loeb, Rothschild, Schiff, Warburg, Lazard und Seif. Diese mächtigen Familien sind miteinander vernetzt, heiraten nur untereinander und sind geschäftlich sehr eng verbunden. Sie kontrollieren nicht nur alle großen Banken, Ölfirmen und 500 der größten multinationalen Firmen, sondern auch die Politik, Medien, Justiz und Wissenschaften. Zu den machtvollsten Menschen dieser Erde gehören heute weitere hundert dreistellige Milliardäre und Billionäre, die über drei Viertel des Weltvermögens verfügen und die das gesamte Geschehen in der Welt kontrollieren. Die Banken- Dynastien, Aristokraten, der neureiche Geldadel und heute immer mehr die Mafia- Oligarchen herrschen bereits alleine über ein Viertel der weltweiten Wirtschaft. Als Beispiel kann genannt werden, dass die Morgan Dynastie Geschäfte mit den Familien Astor, Du Pont, Guggenheim, Vanderbuilt und Rockefeller machte. Sie übernahm die Anschlussfinanzierung für AT&T, General Motors, General Electric und Du Pont. Die Familie Morgan war auch die treibende Kraft der nach Westen verlaufenden Eisenbahnen und der internationalen Ölfirmen, was ihr unheimlich viel Geld und Macht einbrachte.

Die wirklich Mächtigen existieren jedoch offiziell gar nicht. Sie haben keinen festen Wohnsitz, sie bezahlen keine Steuern, unterliegen keinen Gesetzen, regieren aber die Welt. In verschiedenen Senatsausschüssen wurde öfter festgestellt, dass diese Bankiers die USA in Kriege trieben, um ihrer Rüstungsindustrie Aufträge zu verschaffen. Schon im 2. Weltkrieg arbeiteten diese mächtigen Bankiersfamilien mit den zwei reichsten japanischen Familienclans zusammen, die u.a. über die Rüstungsfirmen Mitsubishi und Mitsui verfügten. Bis zur heutigen Zeit bestehen zwischen den Bankiersfamilien und den Regierungen und Geheimdiensten fast aller Länder enge Kooperationen. Sie regieren die Welt mit ihrer diplomatischen, finanziellen und militärischen Macht. Ihr Ziel ist es, mehr Geld, aber vor allem mehr politische Macht zu erlangen. Dafür haben sie ein gewaltiges Netz auf der ganzen Erde aufgebaut, mit dessen Hilfe sie Zentralbanken, UNO, Weltbank, Internationalen Währungsfond, NATO, Wirtschaft, den militärisch- industriellen Komplex, Geheimdienste, Staaten, Politiker, Medien, Recht, Justiz und die Wissenschaft steuern und für ihre Ziele benutzen. Diese kleine Oberschicht raubt mit Hilfe der Politik und Mafia die Menschen aus. Aber Geld allein reicht ihnen nicht, denn sie wollen die absolute politische Macht- eine alles beherrschende Diktatur- die EINE WELT REGIERUNG.

Die „Georgia Guidestones" (Weisungssteine) sind ein mysteriöses Denkmal, auf dem zehn Gebote für ein „Neues Zeitalter der Aufklärung" eingraviert sind. Die Autoren sind unbekannt. Dieses rätselhafte Granitdenkmal steht in Elbert County in Georgia, ist etwa 20 Fuß hoch und besteht aus 6 massiven Granitblöcken, die insgesamt fast 240000 Pfund wiegen. Das außergewöhnlichste Detail dieses Monuments ist allerdings nicht seine Größe, sondern seine eingravierte Botschaft: „Zehn Regeln für ein Zeitalter der Aufklärung". Die mysteriöse Gruppe von Autoren hinterließ einen erklärenden Text zu diesen Regeln. Mit dieser neuen Information wird der Zweck dieser Regeln ziemlich klar und lässt nur wenig Raum für Spekulationen. Erbaut aus hartem Granit sollen die Guidestones den Lauf der Zeit überstehen und Wissen aus mehreren Ebenen transportieren; Philosophische, politische und astronomische Botschaften gehören dazu. Sie bestehen aus vier Hauptblöcken, die zehn Richtlinien in acht Sprachen, nämlich Englisch, Spanisch, Swahili, Hindu, Hebräisch, Arabisch, Chinesisch und Russisch, enthalten. Eine kürzere Botschaft ist auf der Spitze eingraviert, sie ist in den antiken Sprachen Babylonisch, Alt-Griechisch, Sanskrit und in ägyptischen Hieroglyphen verfasst. Das ist wichtig, da diese antiken Sprachen von großer Bedeutung in den Lehren der okkulten Mysterien- Schulen sind. Es spricht vieles dafür, dass diese Steine im Auftrag der wenigen Super- Finanzoligarchen entstanden sind, weil bis heute nicht versucht wurde, sie zu entfernen.

Die zehn Gebote für ein neues Zeitalter der Vernunft lauten:
1. Erhaltet die Menschheit unter 500.000.000 Menschen in Balance mit der Natur!
2. Leitet die Reproduktion weise - fördert Fitness und Vielfältigkeit!
3. Vereint die Menschheit durch eine neue lebendige Sprache!
4. Regelt Leidenschaft, Glaube, Tradition und alle Dinge mit ausgeglichener Vernunft!
5. Schützt Menschen und Nationen mit fairen Gesetzen und gerechten Gerichten!
6. Lasst alle Nationen intern regieren und externe Streitigkeiten vor einem Weltgericht lösen!
7. Vermeidet kleinliche Gesetze und nutzlose Beamte!
8. Gleicht persönliche Rechte und soziale Pflichten aus!
9. Preist Wahrheit- Schönheit - Liebe und sucht die Harmonie mit dem Höchsten!
10. Seid kein Krebsgeschwür der Erde - Lasst der Natur Raum- Lasst der Natur Raum!

Diese Regeln sprechen sich für eine drastische Reduzierung der Weltbevölkerung, eine Weltsprache, die Errichtung eines Weltgerichtshofes und auch für die Etablierung von Eugenik aus, also die Regeln für die Neue Welt Ordnung. Sind es einfach nur Regeln, die der Nachwelt für den Fall einer großen Katastrophe gegeben werden sollen, oder ist es mehr? Die Autoren haben zusätzlich eine Erklärung zu diesem Monument abgegeben, die ihre Motive beschreibt. Dieser Text steht im „Georgia Guidestone Guidebook".
Die unbekannten Autoren schreiben unter anderem: „Es ist sehr wahrscheinlich, dass die Menschheit nun über das notwendige Wissen verfügt, um eine wirksame Weltregierung zu etablieren. Auf bestimmte Art und Weise muss dieses Wissen weitflächig in das Bewusstsein der gesamten Menschheit gesät werden. Sehr bald müssen die Herzen der menschlichen Familie berührt und erwärmt werden, sodass wir ein neues Zeitalter der Vernunft global willkommen heißen können. Das Gruppenbewusstsein unserer Rasse ist blind, pervers und leicht abgelenkt von Trivialitäten, wenn es sich auf fundamentale Dinge konzentrieren sollte. Wir stehen am Anfang einer kritischen Epoche. Der Bevölkerungsdruck wird schon bald politische und ökonomische Krisen in der gesamten Welt auslösen. Dies wird es zum einen schwieriger, zum anderen aber auch notwendiger machen, eine auf Vernunft gegründete Weltgesellschaft zu etablieren. Der erste Schritt wird sein, die Zweifelnden davon zu überzeugen, dass eine solche Gesellschaft

heutzutage möglich ist…Lasst uns die richtigen Prioritäten setzen…Es ist schwierig, Weisheit in engstirnige Geister zu säen. Kulturelle Verschiedenheiten sind nur schwierig zu überwinden. Tragische Weltereignisse und die traurige Leistung unserer Rasse lassen die Mängel bisheriger menschlicher Regierungsformen deutlich erscheinen. Die herannahende Krise kann die Menschheit dazu bringen, ein weltweites Gesetzsystem zu akzeptieren…Mit einem solchen System könnten wir Kriege abschaffen, wir könnten jedem Einzelnen ermöglichen, ein Leben mit Bestimmung und Erfüllung zu haben.

Es gibt Alternativen zum Armageddon…Wir, die Sponsoren der „Georgia Guidestones", sind eine kleine Gruppe von Amerikanern, die sich wünschen, die Aufmerksamkeit auf die zentralen Probleme der Menschheit und ihr gegenwärtiges Dilemma zu lenken. Wir haben eine einfache Botschaft für andere Menschen, heute und in der Zukunft…Wir beabsichtigen, keine Vorliebe für eine bestimmte Religion oder Philosophie auszudrücken. Um unsere Ideen über die Zeit zu retten, haben wir ein Denkmal errichtet- eine Ansammlung geschnitzter Steine. Wir bezeugen keine göttliche Inspiration außer der, die in allen menschlichen Geistern zu finden ist. Unsere Gedanken…skizzieren allgemeine grundlegende Schritte, die gemacht werden müssen, um für die Menschheit ein dauerhaftes und beständiges Gleichgewicht mit dem Universum zu erschaffen. Menschliche Wesen sind besondere Kreaturen. Wir Menschen wurden ausgestattet mit der Fähigkeit, zu erkennen und zu handeln- zum Guten und zum Bösen. Wir müssen danach streben, unsere Existenz zu optimieren, nicht nur für uns selber, sondern auch für unsere Nachkommen. Und wir dürfen nicht bedenkenlos mit dem Wohlergehen aller lebendigen Wesen umgehen, deren Schicksale in unsere Hände gegeben wurden…Nur wir können bewusst daran arbeiten, diese Welt konstant zu verbessern. Im Jahr 1980, als diese Steine errichtet wurden, war das dringendste Problem der Welt die Notwendigkeit, die Anzahl der Menschen zu verringern. In den vergangenen Jahrhunderten haben Technologien und reichlich vorhandene Brennstoffe für eine Vervielfältigung der Menschheit gesorgt, die weit über das hinausgeht, was tragbar und nachhaltig ist. Jetzt können wir die drohende Erschöpfung dieser Energieträger und die Erschöpfung der weltweiten Reserven von vielen lebenswichtigen Rohstoffen vorhersehen. Die Kontrolle unserer Reproduktion ist unbedingt wichtig. Es wird zu grundlegenden Änderungen unserer Einstellungen und Gewohnheiten führen…Nahezu jede Nation ist überbevölkert...Wir sind wie eine Flotte von überfüllten Rettungsbooten, die mit einem herannahenden Sturm konfrontiert ist...Wir zerstören unser Agrarland und sind gefährlich abhängig von externen Quellen für Öl, Metall und andere nicht erneuerbare Ressourcen... Bei diesen Umständen ist Reproduktion nicht mehr länger eine persönliche Angelegenheit...

Die Wünsche menschlicher Paare sind wichtig, aber dürfen nicht das letzte Wort haben. Die Interessen der heutigen Gesellschaft und das Wohlergehen künftiger Generationen müssen bedacht werden und es müssen Mechanismen entwickelt werden, die eine vernünftige Geburtenkontrolle gewährleisten. Unverantwortliches Gebären muss durch rechtlichen und sozialen Druck unterbunden werden. Paare, die nicht das nötige Einkommen und die nötige Unterstützung für ein Kind haben, sollten keine Kinder haben, da sie zu einer Bürde für ihre Nachbarn werden. Unbrauchbare Kinder in einem überfüllten Lebensboot zur Welt zu bringen, ist böse. Es ist ungerecht den Kindern gegenüber. Es schadet den anderen. Die Gesellschaft sollte ein solches Verhalten weder ermutigen noch subventionieren. Wissen und Technik, welche die menschliche Reproduktion regeln können, existieren bereits. Moralische und politische Führer weltweit haben die Aufgabe, diese Technik und dieses Wissen jedem zugänglich zu machen...Eine vielfältige und erfolgreiche Weltbevölkerung in ständiger Balance mit globalen Ressourcen wird der Grundstein für eine vernünftige Weltordnung werden. Menschen mit gutem Willen auf der ganzen Welt müssen dafür arbeiten, diese Balance zu erreichen...Wenn diese Ziele irgendwann einmal von der gesamten Menschheit verfolgt werden, ist eine auf Vernunft gegründete Weltordnung möglich." Die Forderung nach einer Weltregierung, Bevölkerungskontrolle und radikalem Umweltschutz sind Dinge, die bereits heute stark in der Öffentlichkeit diskutiert werden. 1981, als die Steine errichtet wurden, waren diese Themen noch nicht so topaktuell und wichtig wie heute. Viele der Weisungen der Guidestones machen Sinn für die Erhaltung der Erde auf lange Sicht. Aber zwischen den idealistischen Worten der Autoren dieser Steine und der Art und Weise, wie diese Politik auf die Massen angewendet werden soll, gibt es einen riesigen Unterschied. Wenn man zwischen den Zeilen liest, erkennt man, dass die Weisungen einen erheblichen Verlust persönlicher Freiheiten und eine Unterwerfung zu einer höher gestellten Regierung auf vielen Ebenen bedeuten würde. Am Rande sei der Tod von 92,54 % der Weltbevölkerung erwähnt, von dem in diesem Falle wahrscheinlich nicht die Elite betroffen wäre. Und warum werden die Bürger dieser Welt nicht demokratisch in diese Unternehmung involviert?

Die Superreichen dieser Welt, denen die Hauptanteile aller Banken gehören, arbeiten zusammen und kontrollieren und lenken die Geschicke sämtlicher Staaten auf der Erde. Schon seit rund hundert Jahren entkommt nichts und niemand mehr diesen Leuten. Und es sind nicht die „Bilderberger" oder die „Trilaterale Kommission", die schon längst sehr vielen Menschen bekannt sind. Die „Alchemie des Geldes" berechtigt nach Meinung dieser Finanzoligarchen zur Herrschaft über die „Massen", da diese die Geheimnisse dieser „Alchemie des Geldes" nicht durchschauen. Dabei gehört nicht allzu viel dazu, das Prinzip der modernen sogenannten „Geldschöpfung" und des modernen sogenannten „Kreditwesens" zu verstehen. Aus Dreck Geld zu machen, ist zwar unmöglich. Doch aus nichts Geld zu machen, ist durchaus möglich. Es geschieht schon seit über 350 Jahren. Und das, was die „uneingeweihte Masse" nie begriffen hat, ist folgendes:

1. Die große Mehrheit hat nie gewusst, dass der größte Teil des modernen Geldes aus nichts geschöpft wird. Von jener kleinen Minderheit, die es aber wusste, haben die meisten nie begriffen oder wollten nicht begreifen.

2. Dass man gegen eine Schöpfung des Geldes aus nichts rein finanztechnisch „überhaupt nichts einwenden" kann.

3. Dass aber alles darauf ankommt, „wem" man das „Recht" auf diese Art der Geldschöpfung „zugesteht".

4. Dass es jenen, die das Geld aus nichts schöpfen, die „Erhebung von Zinsen" auf die sogenannte „Ausleihe" des „aus nichts geschöpften" Geldes erlaubt ist.

Zu dieser „Alchemie des Geldes" zählt auch der trickreiche Börsenhandel aller Art, der längst genauso papierlos bzw. immateriell stattfindet wie die Schöpfung von sogenanntem Kredit- Geld als rein elektronischer Eintrag in einem Computer bzw. in einer elektronischen Datenbank. Die Zerstörung der christlichen Moral ist das Hauptziel der Super- Eliten. Natürlich glaubt nicht einer von ihnen an die Existenz von Gott oder Satan. Aber sie glauben an Satans „Versprechen" an ein Erdenleben voller vergänglicher Genüsse in schrankenloser „Freiheit" und jeglichen sittlichen Geboten. Und sie bezeichnen sich klar als Feinde der Kirche. Sie gestehen ganz offen, dass sie von Anfang an die christliche Staats- und Gesellschaftsordnung bekämpften, um an ihrer Stelle eine „Neue- Welt- Ordnung NWO" einzuführen. Sie führten zwischen dem 17. und 19. Jhd. das Ende des alten Regimes herbei, das auf verfestigten hierokratischen und konfessionellen Überlieferungen beruhte. Dieses Regime basierte auf einer Macht, die sich auf adlige Herkunft, auf die Hervorhebung der Abstammung des Blutes und die Betonung des göttlichen Rechts stützte. Sie verwandelten Massen von Untertanen in Bürger und schufen damit die Voraussetzungen für eine immer breitere Volkssouveränität. Sie nannten dies Rechtsstaat, geistige und materielle Freiheit und wissenschaftliche Vernunft. Der materielle und geistige Fortschritt der westlichen Völker wurde durch die Kirchen und Monarchien auf allen Gebieten, auch auf dem der Wirtschaft und des Handels, beeinflusst. Soweit zum Entstehen der Strukturen des Systems der internationalen Banker oder Finanzoligarchen. Hier stellen sich also einige wenige Menschen auf eine gefährliche Stufe mit dem Schöpfer. Sie wollen die Geschicke dieser Welt in die eigenen Hände nehmen und bestimmen, wer es wert ist zu leben und wer nicht. Sie haben die Absicht, selbst festzulegen, wie die Prophezeiungen in der Bibel umzusetzen sind. Diese Menschen werden ihren selbsterwählten Messias einsetzen und ihren dritten Tempel aufbauen. Dabei bedenken sie jedoch nicht, dass der Erlöser natürlich nicht von Menschen ernannt werden kann. Aber sie haben so viel Macht, dass sie das zukünftige israelische Reich, wie es in Hesekiel 47 beschrieben wird, so erbauen bzw. erobern wollen, wie es dort beschrieben ist. Dass die Superreichen, die öffentlich in den Medien erwähnt werden, nicht viel Mitspracherecht bei diesen Entscheidungen haben, kann man ganz leicht daran erkennen, dass alle Regierungsoberhäupter, wie zum Beispiel in Libyen und im Irak, die sich gegen diese Eliten und ihre Entscheidungen gestellt haben, aus ihrem Amt geworfen und getötet wurden. Diese Leute schrecken vor nichts zurück. Deshalb werden noch Zeiten kommen, in denen viele Menschen sterben werden. Ein Menschenleben ist für sie jedoch nichts wert, höchstens als Arbeitskraft. So weit sind einige Menschen also gekommen, dass sie sich aus Hochmut über den Schöpfer stellen. Dabei sind all die Probleme, wie sie heute in der Welt existieren, vom Menschen selbst hervorgerufen worden. Wir zerstören unsere Umwelt, aber für Gott wäre es trotzdem keine Sache, auch das wieder in Ordnung zu bringen. Würden alle Menschen auf Gottes Kraft vertrauen und seine Anweisungen befolgen, könnten wir friedlich nebeneinander leben.

Es gibt viele unbeantwortete Fragen, die ich mir allein in den letzten zwei Jahren persönlich gestellt habe. Dafür brauche ich keine Autoren, die bei Wikipedia und anderswo im Netz natürlich als „rechtsradikal" eingestuft werden, da sie die Geschehnisse in der Welt kritischer bewerten als der „Otto- Normalverbraucher". Wir sollen die Flut an Informationen einfach konsumieren, ohne Fragen zu stellen. Und trotzdem bin auch ich ein vernunftbegabtes Wesen und muss feststellen, dass vieles, das uns von den Medien so präsentiert wird, einfach unlogisch ist und nicht stimmen kann. Ich weiß, dass ich jetzt von einigen selbst wieder als rechtsradikaler Verschwörungstheoretiker bezeichnet werde. Aber genau das ist es, was diese Spitzenpolitiker und Finanzmogule beabsichtigen, dass jeder, der sich kritisch äußert, in die rechte Ecke gestellt oder als Antisemit bezeichnet wird. Dabei lehne ich die Politik der AfD zum Beispiel hundertprozentig ab, und ich war auch nie auf einer Pegida- Demonstration. Ich bin bekennender und bekehrter Christ, weshalb mir die Wahrheit wichtiger ist als diese wüsten Beschuldigungen. In der Bibel steht geschrieben, dass sich am Ende alle gegenseitig bekämpfen und beschuldigen werden. Ich weiß auch, dass selbst einige „Christen" nicht glauben, dass Gott durch den Heiligen Geist direkt zu uns spricht. Er sagt uns, wohin wir gehen sollen und was unsere Aufgabe ist. In den letzten Jahren wurde ich so oft vom Heiligen Geist geleitet, geführt und zu Leistungen angespornt, die ich allein mit meinem Willen niemals hätte bewerkstelligen können, dass ich nun an einem Punkt angekommen bin, wo ich Jesus tatsächlich mein Leben anvertraue. Denn ohne dieses Vertrauen könnte ich mich nicht in diese Gefahr begeben. Und damit komme ich zum eigentlich Wichtigen. Gott würde nie jemanden in Gefahr bringen. Warum sollte er also von mir wollen, dass ich Dinge schreibe, die rechtsradikal, menschenfeindlich oder was auch immer sind? Es sei denn, es ist tatsächlich die Wahrheit und er möchte, dass noch mehr Menschen diese Wahrheit erkennen.

Am Ende der Zeit kämpfen die Menschen nicht gegen Menschen unterschiedlicher Religion, sondern gegen Satan selbst. Das ist der Grund, warum Jesus auf die Erde zurückkommen muss. Gegen Satan ist jede Menschenarmee machtlos. Und wie's aussieht, kann die Weltmacht, die für ihn tätig wird, auch nicht in ihren Plänen gestoppt werden, da sie das gesamte Finanzkapital besitzt. Aber wenn wir alle gemeinsam täglich darum beten, dass diese Armee Satans nicht so stark wird, wie sie beabsichtigt, dann bewirkt das schon etwas. Gebete können alle Situationen positiv beeinflussen. Deshalb müssen wir täglich darum beten, dass diese Macht der wenigen Familien, die die Weltpolitik bestimmen, weil sie das Kapital besitzen, nicht zu groß wird. Ich möchte hier explizit betonen, dass wir alle ein Opfer dieser Geschichte sind, egal ob Muslime, Christen, Juden, Atheisten oder was auch immer. Den Finanzoligarchen geht es um die Weltmacht und nicht um die Vormachtstellung einer Religion. Sie glauben weder an Gott noch an Satan, sondern lassen sich durch die Macht und das Geld von Satan verführen. Deshalb ist es falsch, den Muslimen für den weltweiten Terror die Schuld in die Schuhe zu schieben. Hier wurde nur eine in der Theorie sehr gewaltbereite und menschenfeindliche Religion für die übergeordneten Zwecke instrumentalisiert. Denn die meisten Muslime sind genauso friedlich wie die anderen Menschen auch. Ich würde sogar behaupten, dass die islamistischen Terroristen niemals nach Europa gekommen wären, wenn sie nicht die Möglichkeit durch die Financiers bekommen hätten, die den IS und andere Terrororganisationen vorher geschaffen hatten.

Natürlich wird jeder, der versucht, irgendetwas über das Treiben der Bankoligarchen zu veröffentlichen, sofort als Verschwörungstheoretiker bezeichnet. Aber hat sich schon einmal jemand gefragt, warum zum Beispiel die Familien Rothschild und Rockefeller niemals in den Medien erwähnt werden, noch nicht einmal, wenn die reichsten Männer der Welt in irgendwelchen Zeitschriften genannt werden? Dabei haben diese beiden Familien ein Vielfaches an Vermögen von dem, was dem reichsten Milliardär der Welt offiziell zugesprochen wird. Mir ist es egal, wieviel diese superreichen Familien besitzen. Das Problem ist ja nur, dass sie damit auch in der Lage sind, das politische Weltgeschehen zu verändern und nach ihren Maßstäben zu bestimmen. Leider nehmen sie bei ihren Plänen keine Rücksicht darauf, wieviel Verluste es in der Bevölkerung gibt. Hat sich schon einmal jemand überlegt, warum diese wenigen Familien niemals Bankrott gehen? Sie waren vor dem ersten Weltkrieg die reichsten Menschen dieser Welt und sind es auch heute noch. Sie machen aus dem Nichts Geld und bestimmen, wer im Rennen bleibt und wer nicht. Und sie organisieren Demonstrationen, bauen Terrororganisationen- und Schleppernetzwerke auf und veranlassen Terroranschläge in der ganzen Welt. Auch öffentlich anerkannte Medien haben bereits erkannt und zugegeben, dass alle Terroranschläge der letzten Zeit das gleiche Muster aufweisen. Die Täter lassen immer ihren Ausweis am Tatort liegen, damit man sie sofort erkennen kann. Im Nachhinein stellt sich jedes Mal heraus, dass sie schon vorher auffällig waren, aber vom Staatsschutz zu wenig beobachtet wurden. Diese Attacken dienen dem einen Ziel, unter dem Deckmantel der Terrorbekämpfung die totale Überwachung der Menschen zu legitimieren. Das gleiche trifft für den Finanzmarkt zu. Nach und nach wird aus dem gleichen Grund das Bargeld verschwinden. Wir werden anfangs nur mit Kreditkarten einkaufen können. Später wird jeder einen Chip oder ein Lasertatoo bekommen, mit dem er dann einkaufen kann. All das, auch der Bau des dritten

Tempels, wurde in der Bibel vorausgesagt. Und die Heilige Schrift lügt nie. Vielleicht kann Herr Holger Strohm in seinem Buch „Demokratie in Gefahr" Antworten auf einige aktuelle Fragen geben. „Westliche Medien beteuern ständig, dass die Auseinandersetzungen im Irak aufgrund von Religionskonflikten entstanden seien. Dabei würden sich Sunniten, Schiiten, Christen, Jesiden, Assyrer gegenseitig bekämpfen. Seltsam! Bevor die USA ihre Angriffskriege starteten, lebten diese Iraker hunderte von Jahren friedlich miteinander zusammen. Die Spannungen zwischen den verschiedenen Religionen wurden systematisch von der NATO geschürt, um den Irak zu erobern und seine Ressourcen zu rauben. Dafür zwangen die Amerikaner dem Irak eine neue Verfassung auf, die als Grund für die Spannungen gilt. Die argentinische Nonne Maria Guadalupe Rodrigo lebt seit 2011 in Aleppo, und sie hat den Syrienkonflikt von Anfang an verfolgt. Sie bezeugt, dass Assad den Christen die volle Gleichberechtigung garantierte und dass ausländische Terrorgruppen das Land mit Folter, Mord und Anschlägen übersät haben. Die Massenkundgebungen seien nicht gegen Assad, sondern für ihn und gegen den Terror der vom Westen gesteuerten und finanzierten Terrorgruppen gewesen. Westliche Medien berichteten jedoch, das Volk wehre sich gegen Assad- haben also dreist gelogen, um ihr eigenes Volk in einen Krieg zu hetzen. Das steht im Übrigen im krassen Kontrast zu einer NATO- Studie vom Mai 2013, die Assad eine Zustimmung von 70 Prozent der Syrer und nur 10 Prozent für die sogenannten „lieben" Rebellen bestätigt. Gore Vidal, ein amerikanischer Politiker und Autor, sagt zu diesem Thema: „Zwar verunglimpfen wir regelmäßig andere Gesellschaften als Schurkenstaaten, doch wir selbst sind zum größten Schurkenstaat überhaupt geworden."

Die Christen des Nahen Ostens beschuldigen die EU und die NATO des Massenmordes. Ihr, mit euren Kriegen seid schuld, dass Tausende Kirchen niedergebrannt, Millionen Christen verfolgt, vertrieben und Hunderttausende ermordet wurden. „Es besteht die Gefahr, dass die Weltgegend, in der das Christentum entstand, bald keine christlichen Einwohner mehr hat", warnte das Oberhaupt der Syrisch- Orthodoxen Kirche, Ignatius Ephräm II. Der Patriarch der syrisch- katholischen Kirche, Ignatius Joseph III. Younan, spricht neun Sprachen. Er verweist darauf, dass die syrischen Christen auf ein Sechstel geschrumpft sind. Noch peinlicher: „In Europa haben Kirchenvertreter Angst, als Rechte missverstanden zu werden, wenn sie sich für Christen einsetzen", schreibt „Die Zeit": „Der syrisch- orthodoxe Bischof von Mossul, Nikodemus Doud Matti Scharaf, sagt dazu: „Der Westen schert sich mehr um Frösche als um uns." Und in der Tat, de facto ist es so, dass der Westen half, die Christen des Nahen Ostens zu vernichten, während Saddam Hussein und Assad sie beschützten. Der stellvertretende Chefredakteur des „Hamburger Abendblatts" schreibt zu dem Thema: „Die USA haben die gesamte Region destabilisiert und zurückgeworfen." Der Arabische Frühling des Herrn Soros sei längst in einem islamistischen Winter verglüht. Der Westen habe die IS- Fanatiker aufgebaut, „stark gemacht". „Die Opfer dieser fatalen Politik sind die Christen vor Ort. Da verwundert die Leisetreterei, mit der die Welt die Christenverfolgung achselzuckend zur Kenntnis nimmt. Aufgeregt wird auch in Deutschland über eine zweifellos existierende Islamophobie diskutiert, die fundamentale Entrechtung von Christen in vielen Staaten der Welt aber verschwiegen. Vielleicht deswegen, weil die christliche Religion in der Neuen Weltordnung keine Rolle spielt und die christlichen, kirchlichen Vertreter ihre eigenen Glaubensbrüder dafür opfern?" Andrew Ashdown, ein britischer, christlicher Priester aus Aleppo, sagt: „Was die Leitmedien über Aleppo schreiben, ist das komplette Gegenteil der Realität."

„Die CIA finanziert sich im großen Stil durch Drogenhandel. In Afghanistan wird Rohopium industriemäßig auf riesigen Flächen angebaut- mit einem Marktwert von 800 Milliarden Dollar jährlich. „Dies geschehe unter den wachsamen Augen des Militärs." Michael Levine, ein preisgekrönter amerikanischer Journalist, schreibt: „Der Kokainhandel stellt eine wichtige Finanzierungsquelle für die verdeckten Operationen der CIA dar. Indem die CIA Drogengelder statt vom Kongress bewilligte Mittel verwendete, konnte der Geheimdienst schalten und walten, ohne für seine Aktionen und Ausgaben der US- Regierung Rechenschaft ablegen zu müssen." Nun wissen wir auch, warum sich die großen Nationen über Jahrzehnte um dieses eigentlich unbedeutende Land streiten. Dass diese Aussagen wahr sind, bezeugen viele meiner Klienten auch. In Syrien gab es vor 2013 keine nennenswerten Auseinandersetzungen zwischen Vertretern verschiedener Religionen. Das Bildungssystem war auch sehr gut, was ich persönlich daran erkenne, dass sehr viele Syrer das Gymnasium oder die Universität besucht haben. Und ich habe bis jetzt noch nicht einen einzigen getroffen, der etwas Negatives über Assad gesagt hätte. Richtig ist auch, dass niemals ein Land wie zum Beispiel die USA für all die Kriege verantwortlich gemacht werden kann. Auch die Geheimdienste können Regierungen in anderen Ländern allein nicht stürzen. Sie brauchen einen Auftraggeber, der sie finanziert. Deshalb ist es sinnlos, die Veränderungen in der Weltpolitik terroristischen Islamisten oder einem Land in die Schuhe zu schieben. Sie arbeiten alle im Auftrag der Geldgeber, also der Großbanker. Sie verfolgen das Ziel, die Eine Welt Ordnung mit einer Weltreligion zu errichten, weil diese sich von ihnen leichter lenken lässt.

Warum haben heute so viele Menschen in Europa Angst vor Muslimen? Weil diese systematisch durch die Medien aufgebaut und geschürt wurde. Wir sollen uns vor „den Fremden" fürchten, die in unser Land mit falschen Versprechungen gelockt wurden. Einige von ihnen werden auch weiterhin den Suren aus dem Koran Glauben schenken und alle Ungläubige verachten und bekämpfen. Aber die meisten Muslime sind in meinen Augen nur dem Namen nach Muslime. Sie kennen den Inhalt des Korans gar nicht, oder ignorieren bewusst die negativen Suren. Sie mögen vielleicht kein Schweinefleisch essen oder keinen Alkohol trinken. Sie würden jedoch niemals einem anderen Leid zufügen, so wie es Allah in den Suren fordert, die in Medina verfasst wurden. Die Suren mit friedlichem Inhalt entstanden nämlich in den Jahren in Mekka, als Mohamed noch versuchte, seine Mitmenschen auf friedlichem Wege für den Islam zu gewinnen. Als er jedoch von seinen eigenen Verwandten verfolgt wurde, floh er nach Medina. Von diesem Zeitpunkt an nahm er eine radikale Stellung ein und rief zum Kampf gegen jeden auf, der sich gegen ihn und seine Religion stellte. Da die Suren im Koran nicht chronologisch geordnet sind, wissen viele nichts von dieser Tatsache, selbst viele Muslime nicht. Es gibt also sehr viele Muslime, die Allahs Weisungen nur so lange befolgen, so lange sie diese mit ihrem Gewissen vereinbaren können. Sie würden niemals morden. Das ist die gute Nachricht. Aber für mich entsteht, wie gesagt, automatisch die Frage, was für einem Gott sie die Treue halten, dem sie nur die Hälfte glauben. Unsere Aufgabe als Christ besteht jedoch darin, keine Unterschiede zwischen den Menschen zu machen und alle zu lieben, egal welcher Religion sie angehören. Nur so können wir sie letzten Endes zu Jesus und damit zu ihrer Errettung führen.

Auf all diese Erkenntnisse kann man unterschiedlich reagieren. Manche werden entmutigt sagen: „Wir können eh nichts mehr tun, es ist alles verloren." Aber das wäre die Antwort des Klein- oder des Ungläubigen. Der Antichrist und seine dreieinhalbjährige Weltherrschaft von Satans „Gnaden" müssen zwar kommen. Das passiert jedoch nicht, weil Gott es von sich aus so gewollt hätte, sondern nur, weil er von Ewigkeit sieht, dass die gegen ihren Schöpfer und Erlöser aus Hochmut und Undank rebellische Menschheit es so haben will, indem sie seinen gerechten Zorn herausfordert. Die endzeitliche Macht der antichristlichen Menschen ist deshalb zwar die wohlverdiente Strafe Gottes für eine jahrhundertelange Bewegung des Abfalls immer größerer Teile der Christenheit von Jesus. Doch ohne das Wissen und die Zulassung Gottes kann kein Geschöpf ein Glied rühren oder einen Gedanken fassen. Er bleibt der absolute Herr der Weltgeschichte. Und wir, seine gläubigen Kinder, haben es in der Hand, durch unsere vertrauensvollen, dringenden, anhaltenden Bitten und Dankgebete noch viel Schlimmes zu verhindern, was andernfalls eintreten müsste. Was am Ende konkret im Einzelnen mit uns selbst und mit der ganzen Menschheit geschehen wird, wird das direkte Resultat dieser Gebete und Opfer sein, die wir entweder verrichtet oder unterlassen haben werden. Aber noch etwas extrem Wichtiges kann jeder tun, der diese Zeilen liest, ganz gleich, wo er momentan stehen mag: persönlich umkehren. Daran kann uns nichts in der Welt hindern, wenn wir nur aufrichtig und ernsthaft wollen. Gott bietet seine übernatürliche Hilfe und Gnade jedem an. Es liegt einzig an dir selbst, ob du sie dankbar annimmst. Davon kann dich kein antichristlicher Islam, kein antichristlicher Talmudismus, keine antichristliche Freimaurerei, ja nicht einmal die ganze Hölle abhalten. Bleibst du dann beständig, wirst du zumindest dein eigenes Heil für alle Ewigkeit finden.

Ich wünsche es wirklich jedem, dass er den Weg zu Gott findet, denn ein größeres Glück gibt es nicht, als ein Kind Gottes und demzufolge ein Nachfolger Jesu zu sein. Die Segnungen können wir jedoch nur in Anspruch nehmen, wenn wir uns zu Jesus bekennen. Es ist nur ein kleiner Schritt, der aber so viel bewirkt. Für all diejenigen, die nun bereit sind, folgt noch einmal das Übergabegebet. „Lieber Gott, ich weiß, dass ich gesündigt habe, aber ich bereue dies aus tiefstem Herzen. Ich nehme das Opfer, das du uns durch den Tod Jesu gegeben hast, dankend an, damit ich gerettet werde und das ewige Leben erhalte." Wenn du diese Worte aus tiefstem Herzen und fester Überzeugung gesprochen hast, bist du ab jetzt ein Kind Gottes. Ab heute beginnt dein neues zweites Leben. Ich gratuliere dir dazu. Aber vergiss nicht, dass das erst der Anfang eines langen Weges ist. Der Heilige Geist wird dir dabei helfen, die Bibel zu verstehen, damit du in Gottes Sinne handeln kannst. Du bist zwar nun frei von Sünde, weil der Herr dir all deine Schuld vergeben hat. Trotzdem wirst du merken, dass deine Gewohnheiten dich immer wieder dazu verleiten, zu alten Verhaltensmustern zurückzukehren. Der Mensch wird sein ganzes irdisches Leben hindurch in Versuchung geraten, und Satan wird nie aufhören, dich zu verführen. Aber da du nun weißt, dass der Heilige Geist dir in jeder Lebenslage aktiv zur Seite steht und dich beschützt, kannst du Satan ganz locker die Stirn bieten. Wer wieder in sein altes Leben voller Sünde zurückgeht, obwohl er die Wahrheit bereits kennt, der wird nach seinem irdischen Tod trotzdem keine Gnade bei Gott finden. Der Herr wird dich dann umso mehr verstoßen, weil du ihm mit deinem Verhalten nicht den ihm gebührenden Respekt erweist und ihn als den Führer deines Lebens abweist. Wir müssen Gott als die Person betrachten, die sie ist, nämlich den über allem und jedem stehenden Herrscher. Wenn wir ihn als solchen erkennen und fürchten, dann werden wir nie wieder auf die Idee kommen, ihn durch bewusste Sünden zu missachten. Das persönliche Verhältnis zu Gott ist so ähnlich wie bei einem Vater zu seinem Kind. Nur dann, wenn das Kind den eigenen Vater genügend fürchtet, jedoch keine Angst vor ihm hat, wird es ihm den nötigen Respekt für eine funktionierende Beziehung entgegenbringen. Ohne Furcht sind Menschen viel eher dazu bereit, Gesetze nicht zu befolgen. Haben sie jedoch den respektvollen Abstand zum Vater, wird diese Verbindung positiv für ihre Entwicklung sein. Der Herr liebt treue und gehorsame Kinder und belohnt sie, wenn sie seine Gesetze halten.

Ungläubige würden jetzt sagen, dass dies der Grund dafür ist, warum sie Gott nicht als ihren Herrn anerkennen. Sie wollen über ihr Leben selbst entscheiden und glauben, dass sie keine Führung brauchen. Da sind sie aber total im Irrtum, denn erstens machen wir viel mehr fatale Fehler, wenn wir aus eigenem Antrieb heraus handeln, und zweitens würde Gott nie etwas von den Menschen verlangen, was zu ihrem Schaden wäre. Mit anderen Worten, jeder, der auf Gottes Wort hört, wird belohnt werden. Probleme entstehen immer erst dann, wenn wir uns von Gott abwenden. Der Einfluss Satans ist größer, als wir uns vorstellen können. Er wird jede sich ihm bietende Gelegenheit nutzen, um uns zu verführen und letztendlich dahin zu bringen, wo es keine Rettung mehr gibt. Lieber Leser, du hast nun die freie Wahl, all das Geschriebene für übersteigerte Fantasie einer Autorin zu halten, oder du glaubst es. Im ersten Fall hattest du vielleicht sogar eine gute Unterhaltung, aber im zweiten Fall wirst du errettet. Ich würde an deiner Stelle den Weg zu Gott suchen, denn du hast nicht mehr zu verlieren als dein eigenes Leben.